A EDUCAÇÃO DA PRIMEIRA INFÂNCIA NA PERSPECTIVA DE COMENIUS

Edson Pereira Lopes

A EDUCAÇÃO DA PRIMEIRA INFÂNCIA NA PERSPECTIVA DE COMENIUS

SÃO PAULO
SALTA – 2015

© 2014 by Editora Atlas S.A.

O selo Salta pertence à Editora Atlas

Capa: Leandro Rizzo
Projeto gráfico e composição: CriFer – Serviços em Textos

Dados Internacionais de Catalogação na Publicação (CIP)
(Câmara Brasileira do Livro, SP, Brasil)

Lopes, Edson Pereira
A educação da primeira infância na perspectiva de Comenius /
Edson Pereira Lopes. – – São Paulo: Atlas, 2015.

Bibliografia.
ISBN 978-85-224-9437-8
ISBN 978-85-224-9435-4 (PDF)
ISBN 978-85-224-9436-1 (ePUB)

1. Comenius, 1592-1670 – Crítica e interpretação   2. Educação de crianças   3. Educação (Teologia cristã)   4. Pedagogia   I. Título.

14-10547
CDD-370.1

Índice para catálogo sistemático:

1. Comenius : Primeira infância : Educação   370.1

TODOS OS DIREITOS RESERVADOS – É proibida a reprodução total ou parcial, de qualquer forma ou por qualquer meio. A violação dos direitos de autor (Lei nº 9.610/98) é crime estabelecido pelo artigo 184 do Código Penal.

Depósito legal na Biblioteca Nacional conforme Lei nº 10.994, de 14 de dezembro de 2004.

Impresso no Brasil/*Printed in Brazil*

SALTA

Editora Atlas S.A.
Rua Conselheiro Nébias, 1384
Campos Elísios
01203 904 São Paulo SP
011 3357 9144
atlas.com.br

À minha amada esposa Nívea Costa da Silva Lopes,
grande incentivadora dos meus estudos
e grande bênção de Deus na minha vida.

Aos meus filhos Tales Edson e Taila Nivea,
tesouros e bênçãos de Deus.

Aos meus pais, Luiz e Glória,
meus primeiros pais-professores.

À Profa. Dra. Carlota Boto,
exemplo de excelência acadêmica e competência intelectual.

À Faculdade de Educação da Universidade de São Paulo,
pela oportunidade de fazer o Pós-Doutorado em Educação,
que resultou nesta obra.

À Editora Atlas pelo apoio em mais esta publicação.

A todos meus sinceros agradecimentos.

*No homem, é sólido e duradouro
apenas o que foi absorvido na primeira idade.*

SUMÁRIO

Prefácio, ix

Introdução, 1

01 A obra de Comenius à luz da interpretação de Philippe Ariès: valorização e descoberta da criança, 18

   1.1   Matrimônio e família: uma abordagem da escola da formação pré-natal, 25

   1.2   Decisão em ter filhos: idade apropriada, 29

   1.3   Valorização da criança: saúde da mãe e dos filhos, 32

02 Comenius em prol da escola: ensinar a todos, 41

   2.1   Ensinar a todos com um método único e universal, 47

   2.2   Ensinar a todos gradualmente: a organização escolar, 54

   2.3   Profissão-professor, 59

   2.4   Os livros escolares, 62

03 Educação da primeira infância: pais-professores e criança-aluno de zero a seis anos, 66

   3.1   As classes da escola da infância, 67

   3.2   Pais-professores: uma abordagem da escola da infância, 74

   3.3   Ensino e os conteúdos da primeira infância, 96

       3.3.1   Ensino da piedade, 97

       3.3.2   Ensino dos bons costumes e as virtudes, 101

       3.3.3   Ensino das artes liberais, 102

Considerações finais, 108

Referências bibliográficas, 113

PREFÁCIO

Carlota Boto (FEUSP)

Como devemos ensinar nosso aluno? Como fazer para o ensino resultar no aprendizado do estudante? O que é ensinar bem? Qual será a melhor estratégia ou método a ser aplicado? Esse tipo de pergunta era aquele que Comenius se dispunha a responder. Sua obra, no limite, é uma tentativa de estruturar um modelo de ensino que pudesse ser universalmente válido e aplicado em qualquer contexto, em qualquer época. Evidentemente, a grandeza da tarefa era da mesma dimensão de sua dificuldade. O que significava, para aquele século XVII, pensar em um método único que viesse a equacionar os problemas da aprendizagem dos alunos? Como obter êxito, assegurando uma única forma adequada de enfrentar a pauta complexa da educação? Mesmo reconhecendo a ingenuidade da pretensão de Comenius, a tradição do pensamento pedagógico reputa no lançamento da sua *Didática magna* o momento fundador da pedagogia. Tratava-se de primeiro tratado sistemático sobre a "arte de ensinar". E essa arte, assim tratada, viria rapidamente a adquirir pretensões de ciência...

Da mesma maneira, Comenius possuía uma clara concepção de criança. Para ele, a criança é o ser que, dentre todos aqueles de origem divina, mais próximo está do Criador. Além disso, a criança é o sujeito que adquirirá pela tarefa da escola a condição de aluno. E a escola, para Comenius, deve começar cedo. Esse tema é importante pelo legado histórico que deixou: interpreta o passado e fala à nossa contemporaneidade.

A escola moderna vive hoje um momento de crise. A mesma escola que tomou lugar no mundo ocidental com o advento da tipografia, que se estruturou como a principal instância de formação da cultura letrada, presencia, desassistida, o impacto cada vez mais avassalador das novas mídias televisivas e digitais. Antes, as crianças levavam para a escola o que aprendiam com seus pais; por convivência. Agora, trazem uma bagagem que passa pela TV, pelos desenhos animados, pelas narrativas das novelas, pelas revistas em quadrinhos; e, mais recentemente, pela Internet. A escola, aturdida, lida mal com esse fluxo veloz e interminável de informações, que, confundindo-a, parte de instâncias exteriores a ela. Com a Internet, surge inclusive uma maneira diferente de abordar a competência da escrita. A juventude lê e escreve: em *blogs*, no Facebook, nos celulares... Como poderia a escola se apropriar desse novo universo para se valer dele como fonte de aprendizado? Esse é o desafio dos que acreditam nas potencialidades da instituição. Há quem não acredite.

A vida escolar é experimentada de maneira diferente por crianças provenientes de meios sociais diferentes, de origens familiares diferentes, de personalidades diferentes. Será pelos seus interditos e por algum silêncio que a escola fará fracassar um vasto contingente de seus alunos. Qual será, porém, a relação dessa escola que nos é contemporânea com a cultura de violência, tão presente nas sociedades de economia globalizada e de políticas pós-modernas? Como compreender a ideia de educação quando há fraturas sociais que extrapolam a experiência escolar? Como a escola, enquanto instituição, reproduz em seu interior os alarmantes níveis de desigualdade, que cindem o tecido social brasileiro?

É quase um *slogan* comentar a respeito da queda da credibilidade da escola como instituição agregadora e formadora do tecido societário. Só que, justamente porque a educação vive mesmo uma crise, é que ela tem a oportunidade de se repensar; de atualizar suas próprias balizas, de eleger – quem sabe – outras referências. Pensava-se que a sociedade seria mais civilizada se a vigilância fosse invisível; e que todos acreditassem que pudessem estar sob sua sujeição. Seria essa a força operacional que está contida na ideia de escola? E se for isso, será isso que nós defendemos? Talvez, na margem contrária, na recusa que parece haver de tudo isso por parte das crianças e da juventude, alguma coisa revele que o modelo ruiu. Nesse sentido, pensar as relações de autoridade, de disciplina e de violência na escola brasileira hoje requererá de todos nós a inventividade de propor formas novas de lidar com aquilo que por suposto parece também ser diferente.

É possível e necessário hoje deslocar as referências para propor novas alternativas para a educação das crianças e dos jovens. Projetar uma sociedade mais justa, mais fraterna e mais igual requer política e consciência; razão e disposição. Como formar nas novas gerações sentimentos e valores compromissados com a construção de uma sociedade mais justa? Para que a escola se qualifique socialmente como instrumento de realização humana, é necessário que ela se debruce sobre sua identidade e medite acerca do lugar histórico que lhe foi socialmente conferido. Para que os alunos legitimem a ascendência dos professores como protagonistas da formação da juventude, é imprescindível que o lugar profissional da categoria docente obtenha, do ponto de vista coletivo, novas faces mais criativas; e isso significa criar e re-criar o próprio estatuto, agregando-lhe novos significados. Para que a instituição escolar possa ganhar credibilidade, ela deve abrir-se do ponto de vista de sua vida interior. A esperança na transformação da vida escolar requer tanto continuidade quanto mudanças. É preciso revisitar as práticas para averiguar dentre elas as que serão preservadas e aprofundadas, e as que, por outro lado, deverão ser abandonadas e substituídas. Há rituais, saberes, valores e modos de agir que constituem maneiras de ser interiores à experiência escolar. Deverão ser revistos. É necessário, no interior da escola, que sejam colocadas questões para problematizar aquilo que costuma ser visto como natural. É preciso mudar o que estiver obsoleto. É preciso preservar o que se considerar valoroso. A transformação desejada é obra dos próprios agentes envolvidos na instituição escolar. Autonomia é algo que se constrói por dentro: com projetos e com expectativas; com diálogo e com interação. E nada disso se fará sem esperança. Somente no coração cotidiano da escola poderão ser instituídas novas fontes de legitimação do ato de ensinar, com ciência, com arte e, certamente, com muito tato pedagógico. As novas gerações esperam de nós educação, cuidado e exemplos.

A obra de Comenius, que constitui o eixo deste trabalho de Edson Lopes, é extremamente tributária de uma nova concepção de infância, que situava na figura da criança a imagem da pureza e da inocência divinas. Edson Lopes é um pesquisador que se dedica a descortinar a dimensão religiosa e pedagógica da obra de Comenius, desde o mestrado que concluiu na Universidade Presbiteriana Mackenzie (sob orientação da professora doutora Maria Lucia Vasconcelos) com o título *O conceito de teologia e pedagogia na Didática Magna de Comenius*. Em seu doutorado, concluído na Universidade Metodista de São Paulo (sob orientação do professor doutor James Reaves Farris), aprofundou o estudo na obra do autor checo em tese intitulada *A inter-relação da teologia e da pedagogia como pressuposto fundamental para a compreensão do conceito de educação de Comenius na Didática Magna*. Finalmente, este belo trabalho que aqui ele apresenta é fruto de seu pós-doutorado, realizado sob minha supervisão na Faculdade de Educação da USP. Pela qualidade do texto, pela relevância do objeto de estudo e pela originalidade da abordagem conferida ao tema, resta-me, pois, convidar o leitor à leitura. É o que faço agora.

INTRODUÇÃO

A partir da proposição do assunto norteador desta pesquisa, constatou-se que expressões como: *educação infantil, educação da infância* e outras enlaçadas diretamente às relações da criança com a família foram e são temáticas perseguidas, que despertam intensos debates, no decorrer da história das mentalidades ou das ideias, principalmente desde o século XVI, sobretudo o XVII, até os dias atuais. Tais debates indicam que a reflexão em torno da infância e nos termos de Philippe Ariès (2006, p. XXI) em sua obra pioneira, no início dos anos 1960 (BOTO, 2002, p. 12), *História social da criança e da família,* para quem não há um dossiê fechado, estava apenas se iniciando. Ou, mesmo na consideração da obra de um dos críticos de Ariès, Colin Heywood, em *Uma história da infância,* pode-se ler: "fascinação pelos anos da infância é um fenômeno relativamente recente, pelo que se pode deduzir a partir das fontes disponíveis" (HEYWOOD, 2004, p. 10).

Trata-se, destarte, de um debate desafiador e relevante aos estudos pedagógicos e, por isso, requer reflexões detalhadas. Foi ao constatar que se tratava de uma significativa temática que o autor dessa pesquisa se sentiu instigado. Para tanto, recorreu-se a um autor que está entre os clássicos da história da educação (GASPARIN, 1994), João Amós Comenius (KULESZA, 1992) e delimitou-se a reflexão acerca das obras: *Didática magna, A escola da infância* e a *Pampaedia,* com destaque para *A escola da infância.*

Justifica-se essa escolha, haja vista ser Comenius reconhecidamente um apologista da criação, da manutenção e do fortalecimento da instituição escolar e considerado um dos primeiros a classificar a educação como ciência

(CAULY, 1995, p. 9-10), o que permitiu atribuir-lhe o qualificativo: Pai da pedagogia moderna. Igualmente ele foi o primeiro a aplicar o uso de imagens à educação, daí sua obra *Orbis pictus sensualium*, e um dos primeiros educadores a se preocupar com as particularidades que envolvem a educação da primeira infância, como pode ser percebido na descrição de sua vida e de atuações, a seguir.

Comenius viveu as transformações exigidas no final do século XVI e durante boa parte do século XVII. Seu nascimento se deu a 28 de março de 1592, na cidade de Nivnice, pertencente ao Reino da Boêmia, atual República Checa. Nessa época, a Boêmia era uma terra fértil; estava no auge econômico, gozava de tranquilidade e riqueza. Seus pais, Martinho e Ana de Komna – de onde vem o patronímico Comenius, latinizado do checo Komenský–,[1] figuravam entre as pessoas mais importantes da cidade de Ureský Brod (LOPES, 2006).

Nessas condições, era de se esperar que o pequeno João usufruísse de uma vida tranquila e de riqueza (PÁNEK, 1991, p. 17) junto a seus pais. Essa convivência confirma o pensamento de Ariès, quando afirma que, a partir do século XVII, houve uma mudança significativa no respeito e valor em relação à criança. O costume medieval de enviar a criança a outra família e afastá-la da sua de origem havia sido superado, em função da valorização e importância da criança no seio familiar, sentimento este que avançava gradativamente na conquista de toda a sociedade dos Setecentos (ARIÈS, 2006, p. 154).

Todavia, a Boêmia se converteu em um cenário de lutas entre o governo católico e a oposição protestante, que resultou em grandes males à família de Comenius, de maneira que sua família perdeu quase tudo, porque soldados húngaros cercaram suas terras, e ele passou a sofrer as vicissitudes da guerra (PÁNEK, 1991, p. 18). Aos 12 anos, enfrentou o falecimento de seu pai, em 1604, de sua mãe, em 1606, e de suas duas irmãs Ludmila e Suzanna, todos vítimas de epidemias, que se configuravam como um dos fatores responsáveis pelo alto índice de mortalidade infantil e igualmente dizimavam pessoas de todas as idades, como enfatizaram Philippe Ariès (2006, p. 22) e António Gomes Ferreira (2002, p. 169).

---

[1] Nesta pesquisa optou-se em manter o nome latinizado, por ser esta forma mais comum de se referir ao pedagogo checo, entre a maioria dos que pesquisam suas obras. Portanto, mesmo que alguns comeniólogos tenham procurado aproximar seu nome das suas línguas maternas, foi mantido o nome de Comenius em latim.

Comenius, ao se tornar órfão, como era o costume dos moravianos, foi levado para Nivnice, onde residiam seus parentes (LOPES, 2006, p. 96). Sua tia, que aliás, à semelhança de sua falecida irmã, chamava-se Suzanna, propiciou-lhe estudar na escola dos Irmãos Morávios, localizada na aldeia de Stránznice (COVELLO, 1999, p. 17). Essa escola era pequena e não podia proporcionar-lhe conhecimento mais aprofundado, exceto os fundamentos triviais da escrita, leitura, aritmética, os fundamentos da religião e do canto. Por outro lado, havia nessa escola profundas exigências religiosas que se alicerçavam na moralidade; princípios que seguiram Comenius por toda a vida (PÁNEK, 1991, p. 18).

Em 1608, matriculou-se na escola secundária de Prerov, para aprender latim e artes liberais como a gramática, a retórica e a dialética. O anseio pelo conhecimento fez dele o paradigma da classe, mas se decepcionou com a escola do seu tempo. Em sua avaliação, tratava-se de uma "instituição" de seriedade sombria, sem atrativos, onde crianças e adolescentes eram considerados adultos, sem falar que à custa de memorização eram incutidas em suas mentes noções de erudição de pouca ou nenhuma valia, além do verbalismo excessivo, muito decorar, pouco entendimento, mínima reflexão e uso excessivo dos castigos corporais, tais como a palmatória (COMENIUS, 1997, p. 37). Daí sua tônica em fazer da escola oficina de homens, transformando-a em local atraente e, para isso, implantar métodos úteis (COMENIUS, 1997, p. 169). Uma das razões dessa situação dizia respeito aos docentes que, segundo ele, eram incompetentes e quase sem instrução: "[...] as escolas passaram a significar prisão e tortura para a juventude, especialmente quando as crianças estão entregues às pessoas incompetentes, minimamente instruídas [...]" (COMENIUS, 2011, p. 12).

Terminados os estudos em Prerov, Comenius foi escolhido, por demonstrar talento singular, pelos líderes religiosos da Unidade dos Irmãos Morávios, entre eles Carlos Zerotín, que se tornaria seu mentor em boa parte da sua vida, para prosseguir os estudos superiores. Em 1611, matriculou-se na Academia de Nassau, que funcionava na cidade de Herbon, fundada em 1584, com forte influência da doutrina das Igrejas Reformadas da Suíça, mas em especial de orientação calvinista (KULESZA, 1992, p. 26). Enquanto esteve na Academia de Nassau (PÁNEK, 1991, p. 19), foi influenciado pelo calvinista Johann Heinrich Alsted (1588-1638), um dos filósofos e teólogos mais conhecidos da época. Esse professor influenciou o pensamento de Comenius, sobretudo em seu esforço para englobar as disciplinas científicas em uma grande obra enciclopédica e, com isso, sistematizar o conhecimento humano e harmonizá-lo com as revelações bíblicas (PÁNEK, 1991, p. 19).

Sua influência se deu em Comenius não só com relação ao pensamento enciclopédico, mas também em suas preocupações milenaristas (COMÉNIO, 1971, p. 173). Alsted chegou a datar a instauração do reino milenar na terra para o ano de 1694, em sua *Magna Reformatio* (CAULY, 1995, p. 51). Fato é que, devido às guerras, às epidemias, às promiscuidades no seio da igreja e na sociedade em geral, enfim um caos social, a crença de que o fim do mundo ocorreria nos anos Seiscentos ou início dos Setecentos tornou-se comum na sociedade daqueles dias (PÁNEK, 1991, p. 7).

A ideia escatológica milenarista se deu a Comenius não só pela influência de Alsted, por intermédio do professor John Fischer, a quem conheceu na Academia de Nassau e que lhe estimulou a se aprofundar no estudo da Bíblia, tendo com ponto principal o ensino do Reino de Cristo e sua implantação na terra, pois só com a instauração desse reino seria possível corrigir a humanidade (PÁNEK, 1991, p. 19). Igualmente, Gomes (1971, p. 173, nota 25) afirma: "Coménio acreditava que, antes do fim dos tempos, Cristo viria ao mundo instaurar o seu Reino."

Comenius foi criticado por defender e estimular a crença escatológica milenarista, pois esta, em alguns círculos reformados, dentre eles o presbiteriano, era considerada apostasia e heresia (CAULY, 1995, p. 52). Todavia, deve-se compreender que, para Comenius, essa crença foi um princípio motivador de sua luta pela reforma do gênero humano, apesar das angústias enfrentadas por ele e pelos Irmãos Morávios. Sua convicção de um mundo melhor, um paraíso terrestre, colaborou para que ele vivesse em um mundo de desesperança e redobrasse seus esforços para melhorá-lo (LOPES, 2009).

Teve contato também com as obras de Wolfang Ratke (1571-1635) e de Francis Bacon (1561-1626), o que resultou na preparação de um dicionário de sua língua materna, *Bohemicae Thesaurus*, cujo conteúdo resultou em um léxico completo e uma gramática exata das locuções da língua checa (PÁNEK, 1991, p. 22).

No ano de 1614, Comenius retornou à cidade de Praga, principal centro da comunidade Morávia, e notabilizou-se como professor por prover um ensino mais atraente e agradável, distribuído em conversas, jogos, recreações e música. A partir disso, cativou seus alunos e minimizou o uso dos castigos corporais, excessivamente utilizados nas escolas de sua época. Em 26 de abril de 1616, foi ordenado pastor dos Irmãos Morávios e casou-se com Madalena Vizóvska (LOPES, 2006).

Dois anos depois, em 1618, tornou-se reitor da Escola de Prerov e desempenhou satisfatoriamente a dupla função de pastor e educador. Com a finalidade de desempenhar bem sua função de reitor, leu as obras do pastor luterano João Valentim Andreae (1586-1654), mediante as quais teve contato com a ordem dos Rosa-Cruz (SCHALLER, 1993, p. 100). De Andreae entendeu que as técnicas mnemônicas eram de pouca serventia à reflexão e ao aprendizado.

Em síntese, na escola de Prerov teve a oportunidade de demonstrar: oposição ao método mnemônico por ser simplesmente decorativo; forte presença religiosa de segmento protestante calvinista; preocupação com o ensino para todas as pessoas, o que fundamentaria sua proposta *pansófica* de educação. De Francis Bacon ele aprendeu a relevância do método natural, explicitado em seus escritos, principalmente na *Didática magna* e na *Pampaedia*.

Um fato significativo e que alterou completamente a vida de Comenius e dos Irmãos Morávios ocorreu no dia 23 de maio de 1618, quando alguns protestantes, descontentes com a destruição de um de seus templos por ordem do arcebispo de Praga, invadiram o palácio daquela cidade e atiraram pela janela os representantes católicos da Casa de Áustria, Vilém Slavata e Jaroslavz Martinici, reunidos ali em Conselho. Esse episódio, conhecido como a Defenestração de Praga, foi o marco inicial da Guerra dos Trinta Anos (CAULY, 1995, p. 74). A crise se instalou no Império, e os morávios organizaram um governo provisório em seu país, negando reconhecer a nomeação de Fernando II como imperador, oferecendo a coroa da Morávia a Frederico V, com apoio explícito de Comenius (LOPES, 2006).

Assim, no ano de 1619 havia dois imperadores coroados. Frederico V, de orientação protestante, e Fernando II, católico. Após inúmeras batalhas, em 1620 Fernando II derrotou Frederico V na Batalha da Montanha Branca e iniciou o processo de recatolização da Morávia; com isso, determinou a perseguição e morte aos "hereges" moravianos e aos seus líderes (LOPES, 2006, p. 109-111). Vinte e sete líderes moravianos foram decapitados; outros encarcerados ou exilados (LOPES, 2006, p. 110). "[...] o povo foi forçado a aceitar o catolicismo, sendo obrigado a se expatriar os que não obedeciam a esta ordem" (LORENZ, 2010, p. 9). Como resultado dessa imposição, 36 mil famílias saíram da Morávia, preferindo o exílio à infidelidade às suas convicções, oriundas de John Huss (1369-1415).

Comenius deixou claro seu apoio a Frederico V e, por ser um líder respeitado entre os Irmãos Morávios, contra ele foi lavrado um mandado de prisão forçando-o a deixar imediatamente a Morávia. Nesse contexto, sob a tutela de Carlos Zerotín (1564-1636) – que por não haver participado da insurreição, teve autonomia para dar abrigo a muitos dos Irmãos Morávios em seu território, em seu asilo e esconderijo em Brandeis –, Comenius escreveu o *Labyrin sueta* [*Labirinto do mundo e o paraíso do coração*], um dos clássicos da literatura checa, que serviu de consolo aos exilados Irmãos Morávios, os quais no seu triste êxodo cantavam: "Nada conosco levamos, pois nada temos só a Bíblia de Králice, e o Labirinto do Mundo" (COVELLO, 199, p. 48-49). *O Labirinto do mundo* tinha o objetivo de consolar os que haviam sobrevivido às vicissitudes da guerra e exortar as pessoas a não buscarem a felicidade nas riquezas, nos prazeres e na fama, pois a felicidade consistia em ter comunhão e experiência com Cristo, para, então, ser uma nova criatura (COMENIUS, 2010).

Os Irmãos Morávios, em 1628, conseguiram asilo em Leszno, na Polônia, e Comenius, preocupado em reconstruir sua vida e a do povo checo, produziu vários textos relativos à educação. Assim, entre 1630 e 1633 apareceram as suas obras pedagógicas fundamentais: *Didática checa, Informatorium skoly materscké [Guia da escola materna], Janua linguarum reserata [Porta aberta das línguas]*. No conjunto, os textos dirigiam-se tanto aos alunos, que deviam aprender a aprender, como aos professores, que deviam aprender a fazer e, consequentemente, a fundamentar a sua prática em uma teoria sólida (LOPES, 2008, p. 51-52).

Nesse período, Comenius se empenhou na questão educacional, pois compreendia que, por meio dela, poderiam ocorrer a paz entre os povos e uma possível restauração da Morávia. Após vários anos de pacientes esforços e pesquisas, a *Didática checa* foi traduzida pelo próprio Comenius para o latim com o título *Didactica magna* e publicada em sua forma integral em conjunto com outras de suas obras traduzidas para o latim em 1657, quando estava em Amsterdã. Ao traduzi-las para o latim, Comenius objetivou alcançar o maior número possível de leitores e, segundo Cauly (1995, p. 177), Comenius decidiu, naquele momento, "tornar-se cidadão do mundo sem, no entanto, sacrificar a causa pela qual havia já tanto lutado".

Em 1642 deixou escrita a obra *Via lucis*, publicada apenas em 1668, pouco antes da sua morte, que sintetizava suas ideias pansóficas: escolas universais, métodos universais, livros universais, idioma universal e, sobretudo, o colégio de sábios voltado para o bem-estar da humanidade. Quando manteve contato com o Chanceler Axel Oxenstiern (1583-1654), este lhe solicitou que fizesse algo pela Suécia e pelo estudo do latim naquele país. Comenius escreveu a obra *Methodus linguarum novissima* [Novíssimo método das línguas], em 1647, que seria sua principal contribuição ao estudo dos idiomas. A preocupação de Comenius estava relacionada com o estudo comparativo das línguas. Ele traçou regras para a arte de traduzir textos e desaconselhou a tradução literal.

Ao receber o convite do príncipe Sigismundo Rakóczy, em 1650, começou a dirigir uma escola em Saróspatak, Hungria. Ali permaneceu durante quatro anos e escreveu o *Orbis pictus sensualium* [Mundo ilustrado ou sensível]. Esse texto representava a soma de sua experiência de 40 anos de trabalho pedagógico, constituindo-se numa enciclopédia infantil que, por meio de gravuras, alcançava três finalidades: reter a noção aprendida; estimular a inteligência infantil e facilitar a aprendizagem da leitura. Entretanto, Comenius sofreu incompreensão e decepção, pois os professores húngaros não colaboraram com o seu método, por falta de vontade e por não se sentirem com autoridade bastante para militar contra a preguiça e a indisciplina dos alunos.

Em 1654, deixou a Hungria e retornou à Polônia, seguindo então para a Holanda. Instalado em Amsterdã, sob a proteção da família De Geer e prestigiado na sociedade holandesa, no fim de 1657 publicou a *Didática magna*. Todavia, em 1670 adoeceu gravemente e, com a idade de 78 anos, ainda redigiu um resumo de seus princípios pedagógicos, *Spicilegium didactium* [Didática especial], a fim de torná-los acessíveis ao magistério da época, não muito afeito aos estudos de pedagogia. Faleceu em 15 de novembro de 1670, rodeado por parentes e amigos, e foi sepultado numa pequena igreja em Naarden.

Ressalta-se, entretanto, que a preocupação em propor estudar o pensamento de Comenius não está focada apenas no viés histórico: a tônica recai em reconhecer sua importância nas mais diferentes reflexões que envolvem as discussões educacionais, sobretudo nas reflexões sobre a educação infantil e da primeira infância, que corresponde, em seu pensamento, à faixa etária de zero a seis anos.

Nunes (1981, p. 2) afirma que as ideias de Comenius "só vieram a despertar interesse no século XX", e que elas foram restritas aos países protestantes, sem nenhuma ressonância entre os católicos. A relação de Comenius com o catolicismo romano foi tensa e complexa, pois ele atribuía o seu exílio e a destruição da Morávia ao Papa. Somada a isso, não pode ser esquecida a influência milenarista dos hussitas-taboritas de que se deveria resistir ao Papa por ser este o anticristo, a Igreja de Roma, a grande prostituta, e a Casa de Áustria, a besta que gerou o anticristo (COMENIUS, 1987, p. 219). Em concordância com a escrita de Nunes, talvez isso explique a recente descoberta de Comenius pelos pesquisadores brasileiros, uma vez que até poucos anos atrás o catolicismo romano foi a religião oficial do Brasil.

Por outro lado, não se pode concordar plenamente com Nunes, uma vez que as obras *Janua Ressarata* e *Orbis pictus sensualium* foram, durante dois séculos, os mais importantes livros-texto para o ensino de crianças, na Europa em geral (BARDEEN, 1887, p. III), e Jaroslav Pánek (1991, p. 35) afirma que as obras de Comenius foram utilizadas, como livro-texto, pelos jesuítas praguenses em 1669. A partir da afirmação acima da compreensão de Bardeen nota-se outro equívoco de Nunes, em função da sua afirmação de que as ideias comenianas só vieram despertar interesse no século XX, visto que, já em seus dias, sua notoriedade ficou explicitada, haja vista que seus ensinos marcaram alguns dos mais conceituados centros acadêmicos.

A Inglaterra foi um dos países a acolher o pensamento educacional de Comenius, por meio de um grupo de intelectuais que defendia projetos educacionais. Dentre eles estavam John Dury (1596-1680) e Samuel Hartlib (1600-1662). O último, ao tomar conhecimento do pensamento de Comenius concernente ao saber universal, não só passou a ser seu admirador, como propiciou a publicação de tratados que divulgassem o conhecimento do educador moraviano (HARTLIB, 1994, p. 80). A influência desse grupo proporcionou a entrada de seus pensamentos na Europa, e foi em função das novas amizades que ele recebeu uma carta de Armand-Jean Richelieu (1585-1642), secretário da rainha-regente Maria de Médicis, convidando-o a ir até a França.

Samuel Hartlib tornou-se defensor e responsável por abrir as portas para que Comenius divulgasse seus pensamentos pansóficos por toda a Europa, e foi para ele que o autor da *Didática magna* enviou, em 1637, o projeto que iniciara em 1634, os *Conatuum comeniarum praeludia* e, posteriormente, os textos que se seguiram, até o *Prodomus pansophiae* [Precursor da pansofia], concluídos em 1639 (CAULY, 1995, p. 211). Suas ideias educacionais não só tiveram apoio de Samuel Hartlib, mas da Universidade de Oxford e do Parlamento Inglês. O Reverendo John Gauden (1605-1662), em discurso intitulado *The Love of Truth and Peace*, expôs o sistema comeniano no Parlamento, referindo-se a ele como "um espírito que estabelecera os fundamentos do soberbo edifício da verdade humana e divina, altamente útil à humanidade para adquirir o fácil conhecimento das coisas" (COVELLO, 1999, p. 54).

Gauden recomendou que se convidasse Comenius para ir à Inglaterra a fim de pôr em prática suas ideias. O convite foi feito por Samuel Hartlib, com veemência, em 1641 (HARTLIB, 1970, p. 55). Comenius não resistiu ao chamado e, com autorização de seus superiores, partiu para a Inglaterra, ali chegando no dia 1º de setembro de 1641. As coisas não seguiram conforme planejadas pelo grupo de Hartlib, que apoiava Comenius e pelo Parlamento – que, entre outras coisas, pretendiam fundar o Collegium Lucis, como centro irradiador da sabedoria e da felicidade, ainda que já houvesse local próprio para seu funcionamento, a saber, o Chelsea College, uma instituição de ensino teológico para a formação de clérigos protestantes (LOPES, 2006, p. 128) – pois agitações internas e a revolta da Irlanda tornaram inviável a concretização do programa de estabelecimento de sua escola.

Contudo, as ideias de Comenius continuaram repercutindo na Inglaterra e em algumas partes da Escócia. Alguns exemplos podem ser vistos em John Dury (1596-1680), em sua obra intitulada *The reformed school*, publicada em 1648, na qual podem ser percebidas concepções comenianas contrárias ao ensino escolástico (HARTLIB, 1970, p. 55); Hezekiah Woodward (1590-1675), um dos mais honrados ministros e educadores de seu tempo, foi influenciado pelo pensamento de Comenius e explicita tal influência em seus manuais de ensino. O próprio Samuel Hartlib procurou implantar uma reforma escolar fundamentada nas ideias de Comenius (HARTLIB, 1970).

Ainda Charles Hoole e Charles Bardeen, responsáveis pela versão do latim da *Orbis pictus sensualium* (COMENIUS, 1657, p. 803) ao inglês da *The Orbis Pictus of John Amos Comenius* (HOOLE; BARDEEN, 1887), sendo Hoole considerado o mais importante escritor inglês de prática escolar no século XVII, recomendava e divulgava os textos comenianos (BARNARD, 1862), que foram usados por muito tempo nas escolas públicas e particulares da Inglaterra. Da *Orbis pictus sensualium* ele afirmou que por quatro anos consecutivos foi a mais importante obra de ensino na Europa e Comenius o mais eminente educador do século XVII (HOOLE; BARDEEN, 1887, p. VI).

Infere-se daí que a Inglaterra e partes de Escócia valorizaram a proposta educacional de João Amós Comenius. Mas não foi só a Inglaterra que mostrou interesse por suas obras e seu trabalho, também outros países adotaram as ideias comenianas. Comenius chegou à Suécia em abril de 1641, na corte por Ludovic De Geer (1587-1652). Na chegada já foi surpreendido pela rainha Cristina (1626-1689), que por meio da *Janua linguarum resarata* [Porta aberta das línguas], de sua autoria, aprendeu e falava fluentemente o latim (ČESKOSLOVENSKÁ AKADEMIE VĚD, 2008). Grave Oxenstiern, chanceler daquele país, convidou-o para ajudar nas reformas educacionais com o que houvesse de mais prático, sugerindo que fizesse alguma coisa pelas escolas da Suécia pelo aperfeiçoamento do estudo do latim (CAULY, 1995, p. 241). Só então, poderia se ocupar com outras obras a serem escritas.

Seu pensamento e relevância na Suécia podem ser assinalados por um dos seus mais eruditos tratados, escrito enquanto esteve naquele país, sobre o ensino de idiomas, o chamado *Novíssimo método das línguas*, concluído em 1647, após cinco anos de pesquisa. Essa obra seria um complemento da *Didática magna* e nela ele empregou o método sincrítico, isto é, estudos comparativos das línguas, além de traçar as regras para a arte de traduzir textos, desaconselhando a tradução literal (LOPES, 2006, p. 127).

Foi na Suécia que Comenius iniciou seu tratado *De rerum humanarum emendatione consultatio catholica* [Consulta universal sobre a reforma das questões humanas], no qual insistia na educação de todos os seres humanos como sendo condição básica para o progresso da humanidade e para a paz mundial. Entretanto, por divergências com De Geer, seu mantenedor de pesquisa, deixou Elbing em 1648.

Os princípios educacionais comenianos chegaram até a Hungria. O Duque Sigismundo Rakóczy, em 1650, convidou Comenius para dirigir a Escola de Saróspatak e promover a reforma do ensino no país. Ele foi para Saróspatak, no ano de 1651, e embora tenha ali permanecido por quase quatro anos, ao deixar o país, em 1654, só tinha desenvolvido as séries iniciais, uma vez que não pôde contar nem com o preparo, nem com a boa vontade dos professores na aplicabilidade dos novos métodos, tampouco com a autoridade suficiente para combater a preguiça e a indisciplina dos alunos (CAULY, 1995, p. 293-294). Foi-lhe útil, todavia, para colocar em prática a escola-modelo, que era seu sonho, ou seja, a escola descrita no esboço de sua escola pansófica de sete classes.

Todavia, Comenius produziu, na Hungria, duas importantes obras de cunho pedagógico, quais sejam: *Normas para a boa organização das escolas* e *Orbis pictus* [O mundo ilustrado]. Na primeira, ele assinalou sua experiência de educador e administrador escolar adquirida em 40 anos de trabalho pedagógico. A segunda obra, *Orbis pictus sensualium*, foi considerada o primeiro livro ilustrado aplicado à educação infantil uma vez que se tratava de um texto com o propósito de ensinar todas as coisas por meio de imagens (COVELLO, 1999, p. 89).

O pensamento de Comenius não ficou restrito à Europa; a América do Norte também foi impactada pelos feitos e produções de Comenius, a ponto de ser convidado por John Wintrop – filho do governador de Massachusetts, nascido em 1855 – a assumir a reitoria da Universidade de Harvard. Por razões políticas e de guerra entre seu país e a Casa da Áustria, porém, ele optou pela Suécia (COMPAYRE, 1886, p. 125).

Após o relato da vida e a percepção da influência de Comenius nas mais variadas instituições de ensino preocupadas com a educação da juventude (crianças e jovens) dos seus dias, e com a finalidade de fundamentar esta pesquisa e procurar descobrir se, de fato, os conceitos comenianos eram relevantes às pesquisas educacionais que tratam da infância, foi realizado um levantamento bibliográfico, no Brasil, das obras e estudos sobre Comenius (escritos, artigos, livros). Descobriu-se que três autores, inicialmente, mereceram destaque.

São eles: Kulesza (*Comenius*: a persistência da utopia em educação. São Paulo: Unicamp, 1992); Luís Gasparin (*Comênio ou arte de ensinar tudo a todos*. São Paulo: Papirus, 1994; *Comênio*: a emergência da modernidade na educação. 2. ed. Petrópolis: Vozes, 1998) e Bohumila Araújo (*A atualidade do pensamento de Comenius*. Salvador: Edufba, 1996). Antes deles, há de se destacar a relevante contribuição para divulgação do pensamento comeniano no Brasil, com a tradução do *Labirinto do mundo e o paraíso do coração*, feita por Waldomiro Lorenz em edição de 1917, esgotada há muitos anos, e recém-editada (2010) pela Editora Comenius, com alguns acréscimos e apontamentos críticos. Mais recente ainda é a publicação de *A escola da infância*, traduzida por Kulesza e editada pela Editora Unesp em 2011.

Não pode ser olvidado aqui que, até 1996, quando a editora Martins Fontes fez a tradução da *Didática magna* a partir do italiano, a versão utilizada pelos pesquisadores brasileiros sobre o autor em destaque era a de Joaquim Ferreira Gomes, da fundação Calouste Gulbenkian, com português lusitano, cuja 4ª revisão foi feita em 1996. Essa versão é ainda muito utilizada no meio acadêmico por ser uma tradução a partir do latim.

Não há como negar que a editora Martins Fontes prestou um grande serviço na divulgação do pensamento de Comenius, tanto é que, atualmente, a obra já está na 3ª edição (2006), o que evidencia a procura pela compreensão do pensamento comeniano por parte dos conhecedores da língua portuguesa. Em língua portuguesa (Portugal), há de se lembrar da tradução de Joaquim Ferreira Gomes, sob a direção da Universidade de Coimbra, do texto de Comenius: *Pampaedia* [Educação universal], em edição esgotada desde 1971.

Nos últimos anos houve uma crescente procura, no Brasil, por obras de Comenius e de textos que fizessem as mais diferentes leituras do seu pensamento. Alguns desses trabalhos foram elencados na presente pesquisa. Foram encontradas dissertações de mestrado, tais como: as de Gracione Maia Pereira da Costa Arruda, *A contribuição de João Amós Comenius para a educação infantil*, defendida em 2007 no Programa de Pós-Graduação em Ciências da Religião da Universidade Presbiteriana Mackenzie; Angélica Moreira Panarelli, *A disciplina escolar no pensamento de João Amós Comenius*, defendida em 2009 no Programa de Pós-Graduação em Ciências da Religião da Universidade Presbiteriana Mackenzie; Michelle Razuck Arci, *O ensino religioso confessional protestante: discutindo a proposta comeniana de interação didático-pedagógica*, defendida em 2010 no Programa de Pós-Graduação em Ciências da Religião, Universidade Presbiteriana Mackenzie; Welliton Carrijo Fortaleza, *Educação e religião em Comenius na sua* Didática, defendida em 2010 no Programa de Pós-Graduação em Ciências da Religião da Universidade Metodista de São Paulo; Rubiana Brasílio Santa Bárbara, *Profissão professor em Comenius*, defendida em 2010 no Programa de Pós-Graduação em Educação da Universidade Estadual de Maringá.

Além das pesquisas mencionadas, é mister ressaltar o livro publicado pela Editora Comenius de autoria de Luís Colombo, sob o título *O projeto de Comenius*: um paradigma para o ciberespaço. Há de se registrar que o autor da presente pesquisa tem tido o privilégio de poder contribuir com pesquisas a respeito de Comenius, que tem sido objeto de sua pesquisa, a partir do mestrado e doutorado. Consequentemente, ele tem contribuído na divulgação do pensamento comeniano em seus escritos a periódicos especializados em Educação e Religião e no Grupo de Pesquisa: João Amós Comenius, cadastrado no CNPq.

Fica comprovado, diante do exposto, que há um crescente interesse pelo pensamento e pelas propostas educacionais abordadas por Comenius, o que sublinha sua relevância aos estudos educacionais, principalmente aos estudos voltados à educação da infância. A presente pesquisa delimita-se à primeira infância, que nos termos do pai da pedagogia moderna, compreende a faixa etária de zero a seis anos, conforme explicitada por Comenius nas obras: *Didática magna, A escola da infância* e *Pampaedia*.

Severino (2011, p. X), ao prefaciar a tradução da obra de Comenius *A escola infância*, sublinha:

> É, pois, indiscutível a pertinência da publicação desta pequena, mas relevante obra de Comenius, colocando tais ideias fundantes da atual concepção da infância e da educação infantil ao alcance do público brasileiro. Com isso, esta obra contribui concretamente para ampliar e aprofundar o conhecimento desse pensamento.

Um pouco mais à frente, o mesmo autor assinala que o debate sobre o sentido da infância e da educação infantil continua atualíssimo. Por fim, declara: "Muitos são os méritos de Comenius, méritos que tornam essa sua contribuição pioneira e extremamente 'atual' para a teoria educacional contemporânea" (SEVERINO, 2011, p. X). A partir das palavras de Severino não se pode negar a proeminência de refletir sobre a educação na infância, com base no pensamento de Comenius.

Outro princípio a ser ressaltado em Comenius é a valorização da criança, o que comprova o pensamento de Philippe Ariès, em ressaltar que só a partir do século XVII a criança passou a ser considerada (ARIÈS, 2006, p. 21). Por causa dessa percepção, ele se empenhou em ensinar que a educação deveria ocorrer desde a primeira infância, o que fez dele um dos pioneiros na apreciação da educação da infância. Nota-se que as ideias comenianas sobre a valorização do ensino à educação da infância ocorreram "quase cem anos antes de Rousseau" (SEVERINO, 2011, p. X), quando este combateu a forma de tratar a criança, por parte dos adultos, sem levar em consideração seu processo de maturação, buscando fazer dela um adulto em miniatura (ROUSSEAU, 1992).

A partir do que foi visto, percebe-se a relevância dos estudos desse clássico da história da educação, e, por ser tão importante, concebe-se que há muitas maneiras de pensar seus escritos, dentre as quais destacam-se: a relação do homem com a natureza; a relação professor-aluno no processo ensino-aprendizagem; o lúdico na educação da infância. Por essa razão, foi preciso delimitar o objeto de estudo desta pesquisa, e algumas indagações nortearam a presente investigação, que por sua vez incidiu em desvendar a razão pela qual o pedagogo checo, sendo um árduo defensor da instituição escolar, propôs em sua organização das classes escolares iniciar pela educação da infância, referindo-se a ela como "escola da infância", sabendo, porém, que ela se processa no ambiente familiar por se referir às crianças de zero a seis anos.

Os pais seriam considerados não só os responsáveis em prover educação à criança, mas eles próprios seriam os professores dessa classe escolar? Seria essa a razão de haver Comenius ter-se detido em detalhar questões do matrimônio e os relacionamentos conjugais, dentre outras temáticas familiares e vinculá-las com a educação da infância? Comenius teria sido motivado a escrever a *Didática magna*, *A escola da infância* e a *Pampaedia* para que essas obras cumprissem a função de manuais aos pais-professores?

A hipótese, que no início da pesquisa constituía resposta provisória às indagações acima, em muito contribuiu para delimitar o objeto a ser pesquisado. Após perceber-se que, a partir do século XVII, com a crescente ênfase na instituição escolar que propunha a substituição da família por profissionais da educação, e a criança antes depreciada começava a receber destaque e se tornava figura central na família, em consonância com essa nova configuração social, paulatinamente houve uma sensível alteração na forma de enxergar a criança, a partir do lar: de filha passou a ser intuída como aluna, daí ser referenciada no século XVII como: criança-aluno (BOTO, 2002, p. 23).

Nesse aspecto, é significativo lembrar que Comenius é um apologista da instituição escolar. Ele não só propõe sua criação em lugares em que ela não estava presente, mas sua manutenção e fortalecimento em locais em que já estava instalada, porém, sem funcionamento apropriado. É peculiar em Comenius que, mesmo sendo um árduo defensor da escola e profundamente motivado pelos seus princípios *pansóficos*, ao propor sua organização escolar, iniciou pela "escola materna" ou "escola da infância", o que demonstra claro entendimento de que o espaço familiar constituía uma das classes escolares essenciais ao seu empenho de reformar e organizar a instituição escolar.

Assim percebida, ela se revestiu da maior importância, pois dela dependeriam todas as demais classes. Ora, se ela foi revestida de tão significativa relevância, não podia ser depreciada, pelo contrário, igualmente às outras classes, ou tanto mais, haveria de se investir nessa classe escolar, cuja incumbência seria propiciar a educação na primeira infância, que compreendia criança-aluno de zero a seis anos. O princípio investidor deveria estar alicerçado nos pais e, em alguns casos, como era o costume dos dias de

Comenius, nas amas. Infere-se daí que os pais não eram só responsáveis em oportunizar a educação, mas, principalmente, eles próprios deveriam ser conscientizados de que seriam os primeiros professores, já que se tratava de uma escola destinada a ensinar princípios fundamentais às crianças, desde a mais tenra idade. Nesse caso, eles foram notados por Comenius como: "pais-professores".

Essa hermenêutica foi a mais justa na compreensão dos textos da *Didática magna*, de *A escola da infância* e da *Pampaedia*, quando seu autor propôs-se a se empenhar nos assuntos educacionais e com acuidade lidou com temas relacionados ao espaço familiar. Sem acurada análise e a percepção de que ele concebeu uma maneira especial de figurar a "criança-aluno" e cunhar na escola materna o termo "pais-professores", corre-se o risco de tecer críticas por ter o autor misturado muitas questões, sem recorrer à objetividade que seria a exposição dos seus princípios sobre a educação da primeira infância.

Entretanto, pelo que se intui, fica claro que essa nova maneira de idealizar os pais foi a razão de ele ter relacionado as questões do matrimônio, como os relacionamentos conjugais e outras temáticas familiares, com a educação da infância. A instituição familiar não deixou de ser importante, pelo contrário, passou a ser considerada parte integrante e preciosa da instituição escolar; já não havia duas instituições, mas uma desmembrada em dois polos. Por conseguinte, os pais são considerados professores, e as crianças, alunos dessa instituição que seria denominada família-escola.

Aos pais-professores, assim discernidos e inseridos naturalmente na instituição família-escola, era indispensável prover manuais para que soubessem ensinar a criança-aluno. No atendimento dessa demanda é que Comenius escreveu a *Didática magna*, *A escola da infância* e a *Pampaedia*, sendo que, das três, a que mais se harmoniza com um manual destinado à educação da primeira infância é a obra *A escola da infância*, que delimitou o estudo da temática desta pesquisa. Ressalva-se, porém, que conforme a necessidade utilizaram-se a *Didática magna* e a *Pampaedia*, as quais fundamentam o núcleo teórico educacional de Comenius.

A partir do proposto da problematização, da hipótese e da delimitação, o objetivo específico se configurou sob a seguinte tônica: investigar a obra, *A escola da infância*, com a finalidade de compreender as razões pelas quais Comenius se referiu à educação das crianças de zero a seis anos, denominando-a de "escola da infância", e examinar se o pedagogo checo, ao escrever a obra citada acima, bem como a *Didática magna* e a *Pampaedia*, intentava oferecer aos pais-professores manuais, com o fito de que eles fossem capacitados no desempenho adequado de suas funções que era ensinar a criança-aluno.

Para a reflexão desse assunto, optou-se pela pesquisa bibliográfica em que se debruçou sobre os textos escritos pelo próprio Comenius e sobre os que foram escritos a respeito dele. Não raras vezes, houve necessidade de comparar o termo *criança* em diferentes passagens das obras. Quando encontrou-se dificuldade mais precisa no entendimento de alguns termos comenianos, houve necessidade de recorrer às obras completas de Comenius editadas em três volumes, com vernáculo em latim, datadas de 1657.

E, já que o assunto está diretamente relacionado com a educação da infância, o referencial teórico no entendimento da matéria utilizado foi a obra de Philippe Ariès, *História social da criança e da família* (2006), que por sua vez permitiu discutir as propostas teóricas da pesquisa sob o *viés* da Escola dos Annales.

Considerados o objetivo específico, a pergunta norteadora e a hipótese, pode-se distribuir o conteúdo da pesquisa em três capítulos.

No primeiro capítulo – *A obra de Comenius à luz da interpretação de Philippe Ariès: valorização e descoberta da criança* – foram estabelecidos vínculos hermenêuticos entre Philippe Ariès e Comenius com ênfase na valorização e descoberta da criança. Na consideração dessas vinculações, confirmou-se, a partir da análise nos textos de Comenius, a hipótese de Ariès, isto é, de que o sentimento da criança só passou a existir efetivamente a partir do século XVII.

Nesse capítulo, tratou-se de clarificar, em *A Escola da infância*, na *Didática magna* e na *Pampaedia*, suas considerações a respeito da criança. Discorreu-se sobre temas como os primeiros cuidados com a criança no ambiente familiar e a ênfase em que "a educação deve iniciar pela primeira infância". Com isso, foi possível propiciar uma compreensão, nas referidas obras, sobre a educação da infância, que explicitou se tratar da faixa etária estendida de zero a seis anos.

A pessoalidade da criança foi descoberta e passou a ser valorizada, tornando-se o centro da família e da sociedade em geral. Consequentemente, houve necessidade de refletir sobre a metodologia e ensinos destinados singularmente a ela. Foi nesse contexto que Comenius despontou, pois ele se aplicou à educação da infância, a partir da primeira classe escolar, que se processava na família, e por fazer inúmeras referências ao ambiente familiar, foi possível concebê-la como escola-família ou família-escola.

O capítulo segundo – *Comenius em prol da escola: ensinar a todos* – evidenciou Comenius como um árduo defensor da instituição escolar. Discorreu-se a respeito de variados temas, como "Organização escolar", em que se explicitou a preocupação do autor checo em desdobrar as classes escolares em quatro classes, sendo a primeira delas a da família. Observou-se que elas se alicerçavam no processo gradual do conhecimento, tendo como modelo a ser seguido a ordem da natureza.

Ficou claro que em Comenius o conhecimento era inato a todos os seres humanos, os quais foram criados à imagem e semelhança de Deus; portanto, deveriam ser educados igualmente, independentemente de classe social e gênero. Assim, ele se tornou o defensor da universalização da educação. Como parte integrante da instituição escolar, ressaltou-se sua estima pela profissão-professor, que em seus dias era marginalizada.

O pedagogo checo tratou de mostrar sua relevância e de considerá-lo imprescindível no processo de ensinar e aprender. Além de valorizar a profissão-professor, igualmente, sublinhou o uso do livro didático, e no caso das crianças demonstrou preocupação em aplicar o uso das imagens na arte de ensinar e aprender.

No último capítulo – *Educação da primeira infância: pais-professores e criança--aluno de zero a seis anos* –, o objetivo se fundamentou em investigar nas obras *Didática magna*, *A escola da Infância* e *Pampaedia* as razões pelas quais Comenius se referia à educação das crianças de zero a seis anos, denominando-a de "escola da infância", e examinou-se se o pedagogo checo, ao escrevê-las, sobretudo *A escola da infância*, objetivava oferecer manuais aos pais-professores, com a finalidade de que eles fossem capacitados no desempenho das suas funções de ensinar a criança-aluno ou filhos-alunos.

01

A OBRA DE COMENIUS À LUZ DA INTERPRETAÇÃO DE PHILIPPE ARIÈS: VALORIZAÇÃO E DESCOBERTA DA CRIANÇA

Uma das mais relevantes contribuições em torno da discussão da infância é o trabalho de Philippe Ariès (1914-1984), um dos representantes da terceira geração da Escola dos Annales. A Escola dos Annales teve dentre seus vários méritos o de ampliar o estudo das atividades humanas até então pouco investigadas, ao mesmo tempo que privilegiou os métodos pluridisciplinares, de maneira a contrariar a compartimentação das Ciências Sociais (História, Sociologia, Psicologia, Economia, Geografia).

Com Ariès, considerado por Burke (1997, p. 2) o inventor da história da infância, a história da família foi ampliada de modo a incluir a história da vida privada, a história do amor, a história da sexualidade, dentre outros assuntos. Todos esses tópicos foram estudados não apenas do ponto de vista econômico e social, mas também da perspectiva da cultura, da psicologia histórica ou da história das mentalidades coletivas (BURKE, 1997, p. 2). Ariès defendeu a tese de que na Idade Média não existia o conceito de infância (FERREIRA, 2002, p. 169).

Na leitura da sua obra *História social da criança e da família*, percebe-se que seu ponto de partida é o final da Idade Média e o ponto de chegada é o século XIX (BOTO, 2002, p. 12). Seu trabalho desencadeou várias reflexões e hipóteses, nas mais diversas áreas do conhecimento, e muitos pesquisadores procuravam comprovar ou refutar suas assertivas (HEYWOOD, 2004, p. 13). Assim, algumas vezes ele era aclamado; em outras, recebia inúmeras críticas (FERREIRA, 2002, p. 169).

Na fundamentação de seu pensamento, Philippe Ariès assinalou que a criança era malvista e a duração da infância era reduzida a seu período mais frágil, porque tão logo ela adquirisse "algum desembaraço físico, era logo misturada aos adultos, e partilhava de seus trabalhos e jogos" (ARIÈS, 2006, p. IX). No período frágil da criança, atribuído por ele como "paparicação" (ARIÈS, 2006, p. 123), havia um sentimento superficial pela criança, em que ela, em seus primeiros anos de vida, era vista como "coisinha engraçadinha", e as pessoas se divertiam como se ela fosse "um animalzinho ou um macaquinho impudico" (ARIÈS, 2006, p. X).

Uma das razões para esse comportamento consistia no momento histórico. No estudo dos últimos séculos da Baixa Idade Média, observou-se que a Peste Negra sozinha foi responsável pela morte de um terço da população europeia. Além disso, as sucessivas carestias e o Grande Cisma ocorrido na Igreja trouxeram densas consequências àquela sociedade e foram alguns dos fatores geradores de inúmeras guerras entre Estados.

Nesse período ocorreram diversas guerras civis e revoltas populares nos mais díspares reinos, o que resultou em um alto índice de mortalidade, incluindo a infantil (FERREIRA, 2002, p. 171). Consequentemente, a infância era uma fase sem importância (ARIÈS, 2006, p. 21), e se apegar muito a algo que era considerado uma perda quase certa seria um desperdício (ARIÈS, 2006, p. 21-23). Nos Seiscentos, tanto nas classes superiores como nos baixos estratos sociais, havia a compreensão de que os pais podiam abandonar os filhos, sem qualquer comoção com a morte deles (FERREIRA, 2002, p. 170).

Muitas crianças, quando conseguiam superar os primeiros perigos e sobreviver ao período frágil da paparicação, eram enviadas a outra família, conforme atesta Ariès: "Quando ela conseguia superar os primeiros perigos e sobreviver ao tempo da 'paparicação', era comum que passasse a viver em outra casa [...]. Ela [a família] não tinha função afetiva" (ARIÈS, 2006, p. X). Por causa da separação da criança (desde cedo) da família, mesmo que ela voltasse depois de adulta, o que nem sempre acontecia, não havia "sentimento existencial profundo entre pais e filhos" (ARIÈS, 2006, p. 158), o que não indicava desamor dos pais, e sim que a família se constituía nesse período mais "em uma realidade moral e social, do que sentimental" (ARIÈS, 2006, p. 158).

Acreditava-se que confiar a criança a outra família que, por meio de um contrato, deveria prover a frequência a uma escola, no caso a latina (ARIÈS, 2006, p. 116) poderia ser uma prova amorosa. Ocorria, porém, não raras vezes, que algumas crianças ficavam à deriva e entregues a si mesmas e, quando entravam na escola, por descuido da família contratada, associavam-se, em busca do pertencimento, a uma sociedade ou a "um bando de companheiros" (ARIÈS, 2006, p. 116), e assim enveredavam por uma vida desregrada. Na prática, por descuido, a criança era mais influenciada por seus colegas e quase nada por sua família de origem e pela família contratada à qual fora enviada e, muito menos, pela escola.

Esse era o quadro da infância, desenhado por Ariès, que fundamentava sua tese de que havia indiferença e insignificância quanto à criança na Baixa Idade Média. Mesmo Heywood, um dos críticos de Ariès (HEYWOOD, 2004, p. 13, 24-31), de forma concorde, explicita que na

> Idade Média, e mesmo os relatos dos nobres de nascimentos ou dos devotos não costumavam demonstrar muito interesse pelos primeiros anos de vida [...]. A criança era, no máximo, uma figura marginalizada em um mundo adulto. Para o medievalista James A. Schultz [...] as crianças, no Ocidente, eram consideradas como sendo meramente adultos imperfeitos [...]. O importante era encontrar formas de transformar a criança imatura, irracional, incompetente, associal e acultural em um adulto maduro, racional, competente, social e autônomo (HEYWOOD, 2004, p. 10, 11).

Como foi visto, para Ariès a criança não estava ausente da Idade Média, e, sim, sua tese consiste em que ela não era alvo principal das obras de artes e literárias daquela época, daí suas palavras: "A criança, como vimos, não estava ausente da Idade Média, ao menos a partir do século XIII, mas nunca era o modelo de um retrato, de um retrato de uma criança real, tal como ela aparecia num determinado momento de sua vida" (ARIÈS, 2006, p. 21).

Infere-se daí que a questão de Ariès não estava na presença da criança na Idade Média, mas sim em destacar que não havia qualquer consciência de infância nesse período, pois, para ele, "o sentimento da infância que corresponde à particularidade infantil, essa particularidade que distingue essencialmente a criança do adulto" (ARIÈS, 2006, p. 99) só foi ressaltado no século XVII, com trajetória evolutiva, a partir do século XIII:

> A descoberta da infância começou sem dúvida no século XIII, e sua evolução pode ser acompanhada na história da arte e na iconografia dos séculos XV e XVI. Mas os sinais de seu desenvolvi-

mento tornaram-se particularmente numerosos e significativos a partir do fim do século XVI e durante o século XVII (ARIÈS, 2006, p. 28).

Na concepção de Ariès, os homens dos séculos X-XI não se detinham diante da imagem da infância, porque para eles a criança representava pouco ou nenhum valor. As exceções apareceriam na metade do século XII, quando se iniciaram as referências ao Menino Jesus, representado como uma redução do adulto (criança-homenzinho), diretamente relacionado com a maternidade da Virgem e ao culto de Maria (ARIÈS, 2006, p. 19). Esse "sentimento encantador da tenra infância permaneceu limitado ao Menino Jesus até o século XIV [...]" (ARIÈS, 2006, p. 19).

No século XIV houve uma significativa mudança, pois a criança passou a ser referenciada com certa frequência. Algumas apareceram no colo de sua mãe, que as segurava pela mão. Outras foram retratadas em milagres ou martírios; ouvindo homilias, dentre outras situações (ARIÈS, 2006, p. 20-21). Entretanto, deve-se advertir que essas cenas de gênero em geral não se consagravam à descrição exclusiva da infância, mas muitas vezes tinham nas crianças suas protagonistas secundárias. Porém, reconhecia-se que aí estava o embrião do "sentimento moderno da infância" (ARIÈS, 2006, p. 21).

Algo mais significativo, tangente ao sentimento moderno da infância, teve início no século XVI, quando começaram a surgir concepções sobre a importância de fornecer às crianças edições de livros clássicos que colaborassem em suas compreensões de princípios morais. Essa atitude constituiu o marco do respeito pela infância: "Nasceu então a ideia [sic] de se fornecer às crianças edições expurgadas de clássicos. Essa foi uma etapa muito importante. É dessa época realmente que podemos datar o respeito pela infância" (ARIÈS, 2006, p. 83).

Um dos fatores geradores para que começasse a surgir o respeito pela infância foram as reações dos moralistas e educadores, do século XV:

> Essa corrente de ideias remontava ao século XV, época em que fora bastante poderosa para provocar uma mudança na disciplina tradicional das escolas. Gerson fora então seu principal representante. Ele exprimiu suas ideias com muita clareza, revelando-se para a sua época um excelente observador da infância e de suas práticas sexuais [...] (ARIÈS, 2006, p. 80).

Ariès (2006, p. 81) citou que Gerson, em um sermão contra a luxúria, afirmou que a criança não deveria deixar que os outros tocassem nela, visto que era comum a promiscuidade entre pequenos e grandes. Era comum a partilha da mesma cama com pessoas mais velhas.

O sentimento de respeito pela criança continuou sua trajetória, e no século XVII havia um grande movimento em prol de uma literatura moral e pedagógica e de práticas de devoção e uma nova iconografia religiosa (ARIÈS, 2006, p. 83), de maneira que atitudes como as retratadas no diário de Heroard, médico de Henrique IV, o qual anotava os fatos corriqueiros da vida do jovem Luís XIII, não eram mais aceitas: "Heroard fica confuso diante da liberdade com que se tratavam as crianças, da grosseria das brincadeiras e da indecência dos gestos cuja publicidade não chocava ninguém" (ARIÈS, 2006, p. 75). O menino dava gargalhadas quando mostrava suas genitálias a todas as pessoas, incluindo os visitantes, e os presentes pareciam não se importar. Tais atitudes jamais seriam toleradas: "Uma noção essencial se impôs: a da inocência infantil" (ARIÈS, 2006, p. 84), e a concepção moral da infância dominou a literatura pedagógica do século XVII.

Foi assim que, no século XVII, a criança começou a ser representada sozinha. As famílias passaram a desejar possuir retratos dos seus filhos, mesmo na idade em que eles ainda eram crianças:

> Assim, embora as condições demográficas não tenham mudado muito do século XII ao XVII, embora a mortalidade infantil se tenha mantido num nível muito elevado, uma nova sensibilidade atribuiu a esses seres frágeis e ameaçados uma particularidade que antes ninguém se importava em reconhecer: foi como se a consciência comum só então descobrisse que a alma da criança também era imortal (ARIÈS, 2006, p. 85).

O sentimento da infância avançava não sem resistência, de forma que pessoas como Montaigne, citado por Ariès (2006, p. 22), afirmavam "não reconhecer nas crianças nem movimento na alma, nem forma reconhecível no corpo". O mesmo Montaigne mostrou-se incomodado em perceber que, em seus dias, certas mudanças em relação à criança estavam ocorrendo, uma vez que algumas pessoas se ocupavam demais com as crianças, que, para ele, eram seres repugnantes (ARIÈS, 2006, p. 103).

Entretanto, o fato é que a criança havia ocupado seu espaço e se tornado, na maioria dos casos, figura central na vida da família do século XVII

(ARIÈS, 2006, p. 93). Cenas alusivas aos trechos bíblicos, em que Jesus se refere às crianças como sendo donas do reino dos céus, passaram a ser empregadas. Estabeleceu-se nessa época uma religião às crianças, e uma nova devoção lhes foi reservada, a saber, a devoção do anjo da guarda. A crença de que os adultos usufruíam da proteção dos anjos da guarda por causa da presença das crianças tornou-se corrente, e a "figura da alma conduzida por um anjo, representado sob a forma de uma criança ou de um adolescente, tornou-se familiar na iconografia dos séculos XVI e XVII" (ARIÈS, 2006, p. 95).

Em razão disso, temas como vestimenta, alimentação, moral, dentre outros assuntos, destinados a essa faixa etária da vida, começaram a aflorar:

> Tudo o que se referia às crianças e à família tornara-se um assunto sério e digno de atenção. Não apenas o futuro da criança, mas também uma simples presença e existência eram dignas de preocupação – a criança havia assumido um lugar central dentro da família (ARIÈS, 2006, p. 105).

Por outro lado, ainda que a partir do século XVII tenha havido considerável avanço no sentimento moderno da infância, havia ainda muita caminhada pela frente, caminhada esta que se estende até os dias atuais. Por exemplo, quase nada havia mudado nos séculos XVII e XVIII com relação aos cuidados prestados aos recém-nascidos, apesar da insistência dos conselhos médicos, dos moralistas e pedagogos. É relevante destacar que se tratava de mudança na mentalidade, e toda mudança significativa implica resistência, trajetórias evolutivas, assimilações e adaptações.

É por essa razão que em tempos mais recentes Severino (2010, p. X) reconhece haver relativo progresso, fruto do elevado número de estudos e pesquisas sobre a educação da infância. Entretanto, deixa claro que ele está longe de ser exaurido. Para ele,

> há certo sentimento de insegurança, de fragilidade, de incerteza, e mesmo de fracasso, ao nos defrontarmos, em pleno século XXI, com essa tarefa que se reinicia a cada dia, de cuidar da infância no conturbado mundo contemporâneo. Talvez esteja aí o problema fulcral da educação [...] a questão é o que é a criança e como educá-la (SEVERINO, 2010, p. X).

Todavia, não há como negar a relevante contribuição do século XVII aos estudos da educação da infância para os séculos posteriores. Nele se estabeleceu uma devoção pela infância e, como não podia ser diferente, os temas educacionais, como a criação de escolas, colégios e métodos pedagógicos voltados à infância foram acentuados (ARIÈS, 2006, p. 93). Surgia, então, diferentemente dos tempos medievais, na Modernidade, preocupação com as crianças que resultaria na criação de concepções sobre o desenvolvimento infantil e o fortalecimento de instituições específicas para sua formação, a pequena escola e o colégio (BOTO, 2002, p. 13).

A responsabilidade pela educação era da família, porém, a proposta, a partir do século XVII, era que a instituição escolar não fosse só seu complemento, e sim substituta dos pais quando o assunto fosse ensino. Assim, as instituições escolares, ao mesmo tempo que constituíam a âncora, não raramente causavam a conhecida tensão entre família-escola. Ao mesmo tempo, nela a criança passava a ser considerada aluno, de maneira a ser categorizada como: criança-aluno (BOTO, 2002, p. 37, 41).

Nesse contexto histórico significativo, em que a criança passa a ser tema central do século XVII e a Instituição escolar começa a ser vista como imprescindível à sociedade moderna, é possível vincular Philippe Ariès ao pensamento de João Amós Comenius, principalmente quando o pedagogo checo ocupou-se com as questões educacionais destinadas à primeira infância (COMENIUS, 2011). Prova disso é que tanto Comenius quanto Ariès trabalharam os temas do novo sentimento da infância, entrelaçando a família e sua responsabilidade com a educação da infância (COMÉNIO, 1971, p. 180).

Além disso, outros temas suscitados por Ariès, referentes ao novo sentimento da infância – que consolidava a centralidade da criança (ARIÈS, 2002, p. 93, 148-152), a partir do século XVII, e exigia, por sua vez, preocupações diversas de assuntos pertinentes às crianças menores, dentre elas, a sua formação moral (ARIÈS, 2002, p. 87) –, são percebidos igualmente no pensamento de Comenius (1997, p. 263-270), o que permitiu vincular o pensamento os dois pensadores.

Foi possível também enlaçar o pensamento de Ariès com o de Comenius, quando Ariès faz referência à inocência infantil. Ele destacou o surgimento de uma religião que valorizava a criança, daí os anjos da guarda, na pia batismal, por exemplo, serem retratados como crianças (ARIÈS, 2002, p. 95-96); também daí sua afirmativa de que, por causa das crianças, os adultos poderiam contar com o favor e proteção dos anjos da guarda (ARIÈS, 2002, p. 95). Essa ideia foi encontrada no pensamento comeniano (COMENIUS, 2011, p. 5). Percebeu-se ainda uma preocupação comeniana com o leite materno e a amamentação pelas mães (COMENIUS, 2011, p. 25-31); igualmente, Ariès assinalou esse tema em sua obra (ARIÈS, 2002, p. 163).

A vinculação de Ariès com Comenius surgiu como inferência natural, visto que a preocupação do historiador francês, conforme observado, consistia em apontar que o século XVII foi um importante marco nos seguimentos da evolução que resultaria em um novo sentimento da infância; em mudanças significativas no modo de tratar as crianças, não com o sentimento primeiro da fragilidade e ser incompleto, e sim como infantis inocentes, maculadas, porém, pelo pecado original (COMENIUS, 2011, p. 3), as quais necessitavam de proteção contra a promiscuidade e a imoralidade, por meio da educação, sob o olhar atento da família.

Esses assuntos foram apontados por Comenius não só pelo estudo teórico, mas sim por haver vivenciado e presenciado essa realidade. Em função disso, tornou-se paladino das novas ideias que norteavam a modernidade com relação à criança, o que fez dele um dos pioneiros na valorização de questões que envolviam a escola e crianças, como se verá na continuação desta pesquisa.

1.1 Matrimônio e família: uma abordagem da escola da formação pré-natal

Percebeu-se anteriormente que, a partir do século XVII, a instituição escolar começou a ser percebida como substituta dos pais nos conteúdos educacionais, porquanto a criança a partir de então começava a receber destaque, o que culminaria em sua ocupação como figura central na família, e passou a ser considerada como aluno.

Nesse aspecto, é significativo rememorar que Comenius sublinhou o espaço familiar como uma das classes escolares essenciais à sua proposta para reformar e organizar a instituição escolar. Para ele, essa classe não poderia ser depreciada, pois nela seria possível propiciar a educação à criança-aluno de zero a seis anos. Por conseguinte, os pais não eram só responsáveis em oportunizar a educação, mas eles mesmos seriam os primeiros educadores dos seus filhos.

Presume-se daí sua proposição de discutir as questões educacionais, remetendo o assunto diretamente ao relacionamento sexual entre homem e mulher. Deduz-se disso que o autor checo, antes de tratar da educação da infância, preocupou-se com o ambiente ou espaço familiar em que a criança-aluno seria educada pelos pais-professores:

> Deus não quis criar todos os homens ao mesmo tempo, como fez com os anjos, mas apenas o macho e a fêmea, dando-lhes forças e bênçãos para que se multiplicassem através da geração; devendo conceder um tempo adequado para a sucessiva reprodução do gênero humano, foram concedidos alguns milhares de anos (COMENIUS, 1997, p. 50).

É significativo o contexto em que Comenius faz a afirmativa acima, isto é, sua preocupação foi sublinhar que o ser humano é a mais perfeita das criaturas dentre todas as obras da criação de Deus. Ele é "a criatura mais sublime, independente e perfeita do mundo" (GASPARIN, 1998, p. 26). Em sua concepção, o ser humano recebeu o privilégio de procriar, portanto há necessidade de se comportar dignamente nesse ato. Por essa razão, em *A escola da formação pré-natal*,[1] ele explicita que a união sexual deve ocorrer no matrimônio:

> O Criador teria podido, pela sua omnipotência, criar o género humano num número tão grande como criou os anjos, mas aprouve-lhe mostrar a sua sabedoria de outro modo, criando apenas a estirpe, isto é, um homem e uma mulher, para que, a partir desses, os outros se multiplicassem por propagação. O próprio Deus indica isto [...] quando diz que o homem e a mulher foram criados e unidos pelo santo pacto do matrimónio [...] (COMÉNIO, 1971, p. 187).

À luz das palavras acima, nota-se que a união matrimonial tem como finalidade principal a multiplicação do ser humano: "um homem e uma mulher, para que, a partir desses, os outros se multiplicassem por propagação" (COMÉNIO, 1971, p. 187). Na explicitação inferente ao seu raciocínio, ele afirma: "[...] unidos pelo santo pacto matrimónio, com o objectivo de procurarem a semente de Deus" (COMÉNIO, 1971, p. 187).

---

[1] Título extraído do capítulo VIII da *Pampaedia*.

Ao se referir à prole humana como semente de Deus, sua tônica recai em declarar que a humanidade pertence ao Criador, e aos pais foram confiadas as sementes para propagação da raça humana. O raciocínio consiste em: (1º) explicitar que o ser humano pertence a Deus, pois só ele é o senhor das sementes; (2º) que aos pais foram confiadas tais sementes; (3º) que a reprodução dessa semente se faça pelos pais, os quais de maneira consciente devem se portar como aqueles que foram encarregados de portar as sementes da procriação originárias de Deus (COMÉNIO, 1971, p. 187).

Observa-se, portanto, que a reprodução deve ocorrer no matrimônio e os pais devem considerar um privilégio gerar, criar, cuidar, formar e alimentar os cidadãos que acabam de entrar no mundo. Devem agir como homens e mulheres e não se propagarem como animais, como uma geração lasciva, mas ao invés disso, procriar como filhos e filhas de Deus:

> [...] não convém que os homens (criaturas destinadas às delícias eternas) sejam propagados como os animais, por uma brutal e lasciva geração, mas convém que sejam procreados pia e santamente, como filhos e filhas de Deus. Nem convém que sejam tirados para fora do seio materno como animais brutos, sem ulteriores cuidados; mas que sejam recebidos como preciosos tesoiros de Deus, confiados à sua fiel custódia, e sejam tratados e educados como novos cidadãos do mundo e futuros herdeiros da eternidade (COMÉNIO, 1971, p. 187).

Além disso, Comenius ensina de forma ampla e clara que os pais devem gerar filhos e filhas não para si mesmos, mas para Deus. Sendo esse o objetivo, a educação dos filhos requer suma importância:

> Sendo estas coisas de grande importância, requerem uma grande atenção e, por isso, os pais devem ser inteiramente informados a respeito, para que aprendam a gerar a prole, não para si, mas para Deus; não para o mundo, mas para o céu (COMENIUS, 1992, p. 175).

Alguém, neste ponto, pode vê-lo apenas como um religioso, por fazer citações de textos bíblicos, como o de Malaquias, capítulo 2, versículo 15,[2] a

---

[2] Em Malaquias 2,15 estão escritas as palavras: "Não fez o SENHOR um, mesmo que havendo nele um pouco de espírito? E por que somente um? Ele buscava a descendência que prometera. Portanto, cuidai de vós mesmos, e ninguém seja infiel para com a mulher da sua mocidade."

respeito do assunto. É imperativo, contudo, perceber que sua preocupação é acentuar, nesse momento, a responsabilidade dos pais na educação dos filhos.

Seu argumento se fundamentava na religião, porém, não pode ser esquecido que ele vivia em um mundo no qual imperavam as ideias religiosas em muitos setores do conhecimento, embora fosse um período de transição na busca da cientificidade. Na essência constitutiva da arte de ensinar de Comenius e sua forma de perceber o mundo encontravam-se princípios medievais e da modernidade, de forma concomitante (GASPARIN, 1994, p. 41). Ele não era exceção à regra e em alguns momentos demonstra aspectos específicos da Baixa Idade Média.

Ademais, ele de fato foi um ardente religioso, de modo que, além da justificativa cultural e social, não pode ser esquecido que ele se autodenominou como *"Theologi vocatione"* (COMENIUS, 1657b, p. 8): "Se, porém, alguém houver tão pedante que considere estranho à vocação de teólogo o ocupar-se com assuntos escolares, diga-se que tal escrúpulo atormentou meu coração" (COMENIUS, 1997, p. 18).

Sua teologia se fundamentava nas tradições cristãs do pré-reformador e reitor da Universidade de Praga, John Huss (KULESZA, 1992, p. 23). Seus pais pertenceram ao movimento religioso hussita, qualificado como grupo sério no seguimento das Escrituras (LOPES, 2007). Ele teve acesso em seus estudos aos ensinos de Martinho Lutero, Melanchton e de alguns calvinistas. Assim, seria natural que ele fizesse uso de textos e ideias religiosas, não com o objetivo necessariamente da catequese religiosa, e sim a fim de destacar a importância do matrimônio como precondição à união sexual.

Devem-se considerar também as palavras comenianas a partir das pesquisas de Philippe Ariès, o qual, ao tratar do sentimento da infância e sua assertiva de que a criança ocuparia lugar central na família, no século XVII (ARIÈS, 2006, p. 105), demonstrou que, por se tratar de algo precioso, como enfatizou igualmente Comenius, requereria atenção dos pais, desde, ou mesmo antes, do seu nascimento. A valorização e a particularidade da criança exigiam proteção, afeto e outros cuidados dispensados as elas, pois agora a família, a criança contada nela, era colocada no mesmo plano que Deus e o Rei (ARIÈS, 2006, p. 141).

Na consideração de que o pensamento comeniano não era necessariamente uma questão catequética, vale ressaltar, novamente, os estudos de Ariès, os quais assinalaram que o casamento, compreendido como sacramento, tornou-se comum no século XVII: "O sacramento do casamento poderia ter tido a função de enobrecer a união conjugal, de lhe dar um valor espiritual, bem como a família" (ARIÈS, 2006, p. 146).

À luz das palavras de Ariès e do pensamento comeniano ressalta-se a relevância da união conjugal e de sua relação estreita com a procriação dos filhos. Fato é que o sentimento de família tornou-se tão forte em torno da família conjugal, formada pelos pais e seus filhos (ARIÈS, 2006, p. 152), que Comenius estabeleceu uma próxima e importante relação dos pais com a educação da primeira infância, ou seja, a primeira das classes escolares, da qual dependeriam as demais.

Ao sublinhar a responsabilidade dos pais na educação dos filhos e compreender que os filhos são "inestimável tesouro divino" (COMENIUS, 2011, p. 1), ele acentuou que não deveria haver relação sexual fora do matrimônio (COMÉNIO, 1971, p. 188): "Nasce bem, em primeiro lugar, quem nasce honestamente de pais honestos. Portanto, não haja nenhuma união sexual fora do matrimónio, para que não nasça nenhum filho ilegítimo."

No pensamento do pedagogo checo os termos *união sexual* e *filhos* estavam diretamente relacionados ao matrimônio. Para ele, esses assuntos só poderiam ser concebidos dentro do matrimônio. Ele exprime que, ao decidir ter seus filhos, os pais deveriam fazê-lo no temor de Deus, sob oração, com pura e santa intenção (COMÉNIO, 1971, p. 188). Por destacar a importância da criança e a responsabilidade dos pais em educá-la, estes deveriam atentar aos cuidados exigidos dos cônjuges quando resolvessem ter filhos, zelando antes de tudo, pela saúde própria para que trouxessem filhos saudáveis ao mundo.

1.2 Decisão em ter filhos: idade apropriada

Os pais que intentassem procriar deveriam agir com prudência antes que eles nascessem: "Os cuidados com os filhos devem começar, portanto, antes que eles nasçam" (COMENIUS, 1971, p. 189). A decisão em ter filhos deveria ser compreendida como privilégio honroso confiado por Deus aos cônjuges, daí suas palavras: "Finalmente, importa esforçar-se com todo o empenho para que esta tão extraordinária obra do Deus santo se faça apenas com santa reverência, e os pais piedosos não semeiem senão a semente de Deus [...]" (COMÉNIO, 1971, p. 189, 190). Para explicitar ainda mais seu pensamento a respeito da relação dos termos *união sexual* e *filhos* com matrimônio, ele assinala "[...] que apenas contraiam matrimónio honestamente" (COMENIUS, 1971, p. 190), e após este ato, pense-se em ter filhos.

Os filhos deveriam ser gestados, nascidos com saúde e criados num ambiente feliz e solidário (COMÉNIO, 1971, p. 188). Nada, por conseguinte, deveria impedir que as crianças fossem bem-nascidas e afetuosamente criadas, e nisso elas dependeriam dos pais, os quais careciam agir com consciência e responsabilidade quando o assunto fosse ter filhos:

> Nascer bem, viver bem e morrer bem são os três pontos principais da felicidade humana. Nasce bem, em primeiro lugar, quem nasce honestamente de pais honestos [...] Em segundo lugar, nasce bem quem nasce com o corpo, com os sentidos e com a mente sãos. Portanto, que os pais se unam prudentemente, tendo cuidado, antes de tudo, da sua saúde, como da raiz da qual germinará a posteridade (COMÉNIO, 1971, p. 188).

A decisão de ter filhos era uma questão cara a Comenius, o qual sublinhou que isso ocorresse em uma idade apropriada, contrariando, assim, a sociedade daqueles dias, visto que muitos casamentos eram contraídos precocemente.

Ariès afirmou que a situação das mulheres permaneceu inalterada desde a Idade Média até o século XVII, e assim narrou a história de uma jovem, Catharine Marion, que havia se casado com Antoine Arnauld aos 13 anos. Era comum que as famílias casassem suas filhas quando elas ainda tinham 12 anos, uma vez que, a partir dos 10 anos, as meninas já eram mulherzinhas (ARIÈS, 2006, p. 125-126).

Com essa mentalidade, era comum haver um monopólio da educação destinada aos meninos, enquanto as meninas eram excluídas (ARIÈS, 2006, p. 125); em raríssimas situações, elas obtinham uma educação direcionada às responsabilidades do lar, como propunha Martinho Lutero, o reformador do século XVI: "[...] instituir a melhores escolas tanto para meninos como para meninas em toda parte [...], e as mulheres possam governar bem a casa e educar bem os filhos e a criadagem" (LUTERO, 1995, vol. 5, p. 318).

Comenius, com a finalidade de reformar os assuntos humanos, fez críticas por destoar dessa prática. Para ele, os pais não deveriam ser demasiados novos ou adolescentes, porque prejudicariam a si mesmos e à sua prole (COMÉNIO, 1992, p. 178):

> Para contrair matrimônio deve ter-se em conta principalmente o seguinte: primeiro não contrair matrimônio os que não estão em idade madura, nunca demasiado novo, meninos ou adolescentes, porque prejudicarão a si mesmos e a seus filhos.

A preocupação com a idade apropriada foi ressaltada por Comenius, daí sua afirmação em outra parte da *Pampaedia*:

> Em ordem a contrair matrimónio, devem ter-se em consideração sobretudo estas coisas: em primeiro lugar, não devem contrair matrimónio aqueles que não estão ainda em idade madura, isto é, as meninas ou os adolescentes demasiados novos; de outro modo, prejudicar-se-iam a si próprios e à sua prole. Com efeito, as árvores muito tenras (antes que o vigor da vida tome força) ou não podem dar frutos, ou então os que derem serão murchos e não chegarão a amadurecer (COMÉNIO, 1971, p. 190).

Ao mesmo tempo que criticava o matrimónio e a procriação em idade demasiadamente jovem, Comenius sublinhou que contrair matrimônio mais tarde geraria uma prole que teria mais tempo de vida:

> Era precisamente porque contraíam matrimónio tarde que os Patriarcas geravam, por sua vez, uma prole que vivia muito tempo. Na verdade, Licurgo, legislador dos Espartanos, porque não admitia que as mulheres se casassem por outro motivo que não fosse gerar filhos, queria que somente fossem admitidas ao casamento as já amadurecidas e com um corpo suficientemente desenvolvido para gerar filhos fortes; o mesmo testemunha César acerca dos antigos povos germânicos (COMENIUS, 1971, p. 190, 191).

A questão da idade, no pensamento de Comenius, não se referia ao direito de ter ou não filhos, mas a tônica recaía sobre a responsabilidade de não prejudicarem a si mesmos – "Portanto, que os pais se unam prudentemente, tendo cuidado, antes de tudo, da sua saúde, como da raiz da qual germinará a posteridade" (COMÉNIO, 1971, p. 188) – e, principalmente, de assegurar boas condições à formação e ao nascimento da criança.

Pairava em sua mente não apenas uma questão religiosa; antes disso, havia preocupação com a questão da saúde, como ele próprio testificava:

"Mas, mesmo os mais amadurecidos na idade, se acaso forem doentes ou portadores de qualquer moléstia contagiosa, deverão abster-se do matrimónio" (COMÉNIO, 1971, p. 191). Por outro lado, deixou claro que essa não era uma discussão relativa à classe social, visto que, segundo seu ensino, se os menos providos financeiramente fossem robustos e sãos, podiam ter filhos porque Deus providenciaria os meios necessários para a sua sobrevivência e da sua prole:

> Acerca dos pobres e dos indigentes, destituídos dos meios necessários para se sustentarem a si mesmos e à sua prole, é costume, entre o vulgo, pensar-se o mesmo [devem abster-se do matrimônio e filhos]. Mas, se forem sãos e robustos, e resistentes às fadigas, o Pai celeste tem em abundância com que os nutrir e à sua prole (COMÉNIO, 1971, p. 191).

Diante do exposto, a tônica estava na saúde dos pais e da criança, e não só na questão da idade propriamente dita, tampouco em pressupostos religiosos somente. Nas obras comenianas *A escola da infância* e *Pampaedia*, houve proeminência em declarar que as mães, antes de tudo, deveriam preservar sua saúde para que não formassem filhos fracos e doentes em seu útero; ao invés disso, que eles fossem formados e nascessem perfeitamente com saúde. A mãe deveria cuidar para que não acontecesse nenhum mal aos seus filhos, e o fato de eles nascerem bem formados e com saúde concorria para que fossem perfeitamente habilitados ao aprendizado (COMENIUS, 2011, p. 25).

1.3 Valorização da criança: saúde da mãe e dos filhos

Observa-se que havia preocupação na relação mãe-criança antes mesmo do início da gestação, porque para ele existia uma intensa afinidade do aprendizado com a saúde da criança a ser gestada. Nota-se que o foco comeniano consistia em explicitar que o cuidado com a saúde na fase pré-natal tinha como princípio fundante prover as habilidades necessárias ao aprendizado da criança, daí sua ênfase em que os pais fossem saudáveis e responsáveis, desde o pré-natal, na gestação e no nascimento. Todos os cuidados deveriam ser adotados a fim de que criança viesse ao mundo com saúde. Consequentemente, ela teria todas as condições para ser bem formada ou educada, já que para Comenius ela era compreendida como criança-aluno.

Ao considerar a procriação e a gestação, vale lembrar que a mulher era vista como um ser inferior em quase todo o período da Idade Média. Nos séculos XII e XIII, a fecundidade foi considerada uma maldição, ao invés de bênção, para uma mulher honrada (LE GOFF, 2005, p. 285-286); porém, percebe-se relativa mudança desse quadro nos séculos seguintes, uma vez que muitas delas foram deixadas por seus maridos, que partiram para guerras e as cruzadas, e elas tiveram de assumir a gestão dos bens da família, o que resultou em um "crescimento de seus poderes e direitos" (LE GOFF, 2005, p. 286). Havia, portanto, um início de mudança na situação das mulheres, entretanto, muito caminho seria percorrido sobre essa tratativa.

Comenius colaborou com o avanço dessa trajetória, na compreensão do espaço que a mulher deveria ocupar no lar. Ele a exalta, sobretudo durante a gestação. Ela deveria *evitar o prejudicial à sua própria saúde e aos bons costumes*, porque no filho repercutiriam as impressões recebidas pela mãe, as quais seriam nele manifestadas (COMENIUS, 2011, p. 25): "[...] tudo o que a mãe faz ou sofre [...] imprime-se no feto que está a gerar" (COMÉNIO, 1971, p. 192).

A mãe foi comparada a um círculo maior que dirigia raios ao círculo menor – a criança. Destarte, se a mãe fosse bêbada, lasciva, iracunda, invejosa, ladra e vivesse na prática de outros males, esses vícios, que considerava como doenças, seriam transmitidos aos filhos. "É assim que as doenças dos pais, as do corpo e as da alma, se tornam hereditárias para os filhos, mesmo nas famílias sãs" (COMENIUS, 1992, p. 179).

Havia uma profunda afinidade da mãe com a criança, e ela deveria estar consciente de todas as provisões assumidas a fim de assegurar saúde à sua posteridade:

> [...] a gestante deverá recorrer a tudo o que possa contribuir para a sua saúde e para os seus bons costumes. Ou seja, a uma sã maneira de viver [...]. Grande parte de uma sã maneira de viver consistirá em a futura mãe, para conseguir para si e para o futuro filho o vigor da saúde e a fortaleza, se habituar (se já não o fez antes) a coisas contrárias, como, por exemplo, dormir um pouco mais e fazer um pouco mais de vigília; mover-se e abster-se do movimento; nutrir-se copiosamente e logo a seguir jejuar; suportar o frio e o calor etc. (COMENIUS, 1992, p. 180).

Do exposto, fica claro que o foco comeniano, a partir das suas palavras, dizia respeito ao cuidado da saúde da mãe, porém, a tônica recaía na criança que estava sendo gerada. Por conseguinte, a mãe deveria evitar os *excessos enquanto fosse gestante*. A prática de exercícios físicos moderados era recomendada; abster-se de comida em excesso, porém, fazer uso de vitaminas era importante, porque poderiam assegurar a saúde, a beleza e a inteligência do feto:

> [...] a gestante deverá recorrer a tudo o que possa contribuir para a sua saúde e para os seus bons costumes. Ou seja, a uma sã maneira de viver, a um movimento moderado e a medicinas que assegurem à prole a saúde, a beleza e o engenho (COMÉNIO, 1971, p. 193).

Além das preocupações com alimentação e exercícios físicos, a mãe necessitava cuidar do seu estado emocional e sentimental:

> A mulher grávida precisa conter estritamente seus sentimentos, não se sobressaltar se enfurecer ou sofrer demasiadamente, nem se atormentar. Se não se precaver dessas coisas, poderá ter em consequência um filho tímido, iracundo, angustiado, melancólico. Ou ainda, pode acontecer algo pior, pois o terror súbito e a raiva amargurada podem levar ao aborto do feto, que nascerá, no mínimo, com saúde fraca (COMENIUS, 2011, p. 25).

Em decorrência desses cuidados, a mãe certamente evitaria resfriados frequentes; desgastes emocionais indevidos; não sofreria perigosos escorregões; quedas que poderiam resultar em sua debilidade física e emocional. Ela deveria agora ter o entendimento de que o feto ainda era fraco e débil e poderia sofrer algum mal em qualquer acidente: "[...] o feto, ainda fraco e débil [...] pode sofrer algum mal" (COMENIUS, 2011, p. 25). Ao pensar no cuidado da mãe, seu enfoque estava na saúde da criança. Comenius opôs-se ao que ocorria na Idade Média e, na hermenêutica da sua escrita, contrariou inclusive seu tempo, em que "muitos bebês eram abandonados e outros vendidos a mendigos que lhes quebravam os braços, e as pernas" (NUNES, 1981, p. 19) a fim de despertar compaixão nas pessoas e com isso viviam da prática esmoleira.

No conceito comeniano, essa era uma prática abominável; em sua forma de pensar, todo o cuidado deveria ser dispensado à criança e, como parte dessa cautela, após o nascimento do infante, a mãe não carecia de deixá-la sem o alimento com leite materno:

> Que a mãe amamente o recém-nascido com o seu próprio leite: 1. por prescrição divina que ordenou este alimento para o recém--nascido, para que essa prescrição não seja frustrada; 2. Porque aproveita à saúde da criança servir-se do mesmo alimento a que estava habituada: o sangue materno; além disso, o aleitamento é salutar também para a mãe; 3. Porque nada é mais proveitoso para os bons costumes da criança que ser alimentada com o sangue e o espírito paterno e materno [...] (COMÉNIO, 1971, p. 193, 194).

Comenius reprovava as mães que, por preocupação estética, deixavam de alimentar seus filhos com leite materno. Isso constituía um ato contrário à natureza, por conseguinte, um ato indigno e altamente censurável:

> Digo então que a cruel separação da criança de sua mãe para dá-la a uma ama de leite [...] é primeiro *contra Deus e a natureza*, segundo, *prejudicial aos filhos*, terceiro *perniciosa para a própria mãe*, quarto, *indigna e altamente reprovável*. Que esse modo de alimentação é contrário à natureza claramente resulta de que *nada parecido existe na natureza e até entre os animais selvagens não se encontra exemplo desse costume* (COMENIUS, 2011, p. 26-27).

Com a perspectiva da reprovação às mães que não amamentavam seus filhos, ele incrimina:

> Porventura as mães do gênero humano serão piores que as de todas essas feras? [...] Como pode, pergunto estar em conformidade com a natureza rejeitar o próprio sangue, o próprio corpo? [...] O leite que Deus deu para uso dos teus filhos e não de ti, pois sempre que um novo feto vem à luz imediatamente começam a jorrar tuas fontes e para proveito de quem, senão do novo hóspede? Portanto, invertem a ordem divina aqueles que prescrevem qualquer outra coisa diferente daquilo que já está determinado (COMENIUS, 2011, p. 27).

Nota-se sua severa crítica a algumas mães de sua época, sobretudo da classe nobre, que entregavam seus filhos para serem alimentados pelas amas, e ao mesmo tempo desferia contra as mães "delicadas", que receavam amamentar seus filhos para não prejudicar a simetria ou elegância de sua silhueta (COMENIUS, 2011, p. 28):

> De nenhum modo se pode desculpar que matronas honestíssimas, digníssimas, virtuosíssimas, entreguem o fruto recém-nascido de suas entranhas a mulheres [...] mães delicadas, do tipo que receiam cuidar de seus filhos para não prejudicar a simetria ou elegância de sua silhueta, muitas vezes acabam por perder, nem tanto a serenidade ou a beleza, mas a saúde e a vida [...] *indigno é o nome da mãe que se nega a cumprir aquilo que foi determinado por Deus e pela natureza, e por isso prenuncia a si mesmo toda espécie de infortúnio* (COMENIUS, 2011, p. 29).

Em sua afirmação assertiva deixou registrada a sua indignação contra este comportamento: "Não é direito de uma mãe honesta se recusar a dar o seio aos próprios filhos" (COMENIUS, 2011, p. 29). Ariès, igualmente, comentou a questão do leite materno. Ele se constituiu em um intenso debate no século XVII, do qual derivou uma crescente oposição que envolvia muitos educadores moralistas em suas críticas às mães que desprezavam nutrir suas próprias crianças (ARIÈS, 2006, p. 163).

Havia, porém, exceção a ser respeitada. Esse era o caso de uma mãe que estivesse doente, incapaz de amamentar por motivos justificados. Circunstancialmente, alguma ama poderia assumir essa função: "[...] se é possível encontrar uma ama sã, robusta e de costumes honestíssimos" (COMÉNIO, 1971, p. 194). Exceto em tais situações, a mãe teria obrigação na amamentação dos seus filhos.

Por fim, no campo religioso, o pedagogo tcheco instruía que a *mãe deveria orar a Deus, assiduamente pela criança*. Ele acentuou sua preocupação quando registrou na "Prece das matronas grávidas": "Se ouvirdes nossas preces e nos deres um rebento perfeito e saudável, prometemos restituí-lo e dedicá-lo a ti [...]" (COMENIUS, 2011, p. 25). Ressalta-se que nessa oração a mãe promete que, caso a criança nasça saudável, ela será dedicada a Deus.

Por conseguinte, a cautela da mãe não estava apenas voltada à prevenção de males e ter um parto feliz, e sim que sua descendência fosse bem formada, sã, robusta e vigorosa de saúde. Somado a esse princípio, ela deveria atentar para que o útero fosse santificado pelo Espírito Santo e que a criança, mesmo manchada pelo pecado de Adão, fosse cheia de bondade:

> [...] orará assiduamente a Deus, não apenas para que Ele não permita um mau sucesso e lhe dê um parto feliz e uma prole bem formada, sã, robusta e vigorosa, mas, mais ainda, para que encha essa sua nova criatura, desde o seio materno, do seu Espírito, o qual a santifique da queda da sua ascendência adamítica (da mancha do pecado) e a encha da luz da sua bondade (COMENIUS, 1992, p. 180).

Eis um tema, conforme a proposição comeniana exposta acima: "Espírito, o qual a santifique da queda da sua ascendência adamítica (da mancha do pecado)", que é digno de destaque. Ruy Nunes comentou que a doutrina cristã do pecado original foi uma das razões pelas quais a valorização da criança só aconteceu tardiamente (NUNES, 1981, p. 78).

Nos termos de Heywood, a inocência da infância tinha pouca relevância, enquanto o pecado original era ressaltado (HEYWOOD, 2004, p. 41). Ele ainda sublinhou que foi fácil, desde a Idade Média e até séculos posteriores mais recentes, oscilar entre considerar as crianças anjinhos ou pequenos demônios (HEYWOOD, 2004, p. 49). No argumento de sua ideia ele refere-se à posição agostiniana que, em sua análise, fazia recair sobre a criança a triste situação de pecadora desde o ventre de sua mãe e, caso ela falecesse antes de ser batizada, estaria fadada ao *limbus infante*, inferno infantil (HEYWOOD, 2004, p. 50).

Da hermenêutica do texto bíblico, conforme preceitua o Livro dos Salmos, capítulo 51, versículo 5 – "Sei que sou pecador desde que nasci sim, desde que me concebeu minha mãe" –, poderiam se encontrar várias reflexões a respeito do assunto na Idade Média e na Modernidade (LOPES, 2009, p. 21-29). Martinho Lutero, João Calvino, os puritanos e os católicos jansenistas assinalavam o pecado original (HEYWOOD, 2004, p. 50). Este último grupo religioso possuía uma visão pessimista das crianças e ensinava que os homens se regozijavam com o mal, sentimento mais aflorado nas crianças (NUNES, 1981, p. 78).

O próprio Comenius reconhecia essa doutrina: "Deve-se reconhecer que esse natural desejo de Deus, como bem supremo, foi corrompido pelo pecado original" (COMENIUS, 1997, p. 68). Todavia, ele explicitava: "foram deixadas raízes que podem germinar mais uma vez, com a chegada da chuva e do sol da graça divina" (COMENIUS, 1997, p. 68). No mesmo contexto indagava: "Porventura Deus, logo depois da queda e depois de decretar nossa ruína [...] não terá plantado em nossos corações a vergôneta de uma nova graça [...]?". Ele mesmo conclui seu argumento, afirmando que sua preocupação não estava focada no pecado original da criança, mas em sua regeneração:

> É coisa torpe e nefanda, sinal evidente de ingratidão, insistir na degeneração e esquecer a regeneração! E com esse pretexto aduzir o poder que tem sobre nós o velho Adão, sem experimentar o poder do novo Adão, Cristo! [...] Se Deus pode fazer nascer das pedras os filhos de Abraão, por que não incitar os homens às boas obras, eles, filhos de Deus desde o nascimento, adotados pela segunda vez por meio de Cristo e regenerados pela graça do Espírito Santo? (COMENIUS, 1997, p. 68-69).

Comenius estava certo de que o pecado original era algo presente na vida do ser humano, porém, sua compreensão estava em ensinar que o Criador não havia abandonado suas criaturas na escuridão, ao invés disso, deixou meios para que a degeneração fosse tratada. Isso comprova que havia no século XVII uma tensão entre os que seguiam a tradição medievalista do pecado original e aqueles que, como Comenius, reconheciam a inocência da infância (ARIÈS, 2006, p. 94, 98). Todavia, a "crença na inocência original das crianças estava igualmente enraizada na tradição cristã" (HEYWOOD, 2004, p. 51).

Por estar convicto da pureza da criança, o pedagogo checo ensinou que todas as coisas pertenciam a Deus e os filhos não estavam de fora dessa pertença. Essa leitura pode ser feita quando ele citou uma mãe da dinastia macabeia, da qual proferiu as seguintes palavras: "[...] não sabemos como a criança é concebida em nosso ventre, nem como lhe damos uma alma, nem como formamos sua vida ou os membros de seu corpo, mas sabemos que é o Criador do mundo que produz a espécie humana" (COMENIUS, 2011, p. 66). Já que o Criador era quem produzia o ser humano, o que Deus esperava dele? Que fosse, um "paraíso de delícias" do Criador e mantivesse íntima comunhão com ele:

> No princípio, Deus formando o homem da lama da terra, instalou-o no Paraíso de delícias, que implantara no Oriente [...], mas também para que fosse um jardim de delícias mesmo para seu

> Senhor. Na verdade, cada homem é para Deus seu paraíso de delícias quando se mantém no lugar que lhe foi determinado (COMENIUS, 1997, p. 22).

Na relação do ser humano com o Criador, principalmente com o foco de que tudo pertence a Deus, Comenius sublinhava que a criança era possuidora de alma, o que contrariava pensamentos como o de Montaigne, citado por Ariès (2006, p. 22), que defendia a tese de que não havia "movimento de alma" na criança. Além disso, o pedagogo checo, ao adotar o batismo infantil, acentuou que as crianças pertenciam a Deus e era o momento em que os pais assumiam a responsabilidade de educar seus filhos piedosamente para a glória do Criador:

> Através do batismo providenciarão em seguida a devolução a Deus do que Ele lhes deu, orando ardentemente para que Deus clementíssimo reconheça ser sua criação digna de salvação em Cristo e o Espírito Santo o presenteie com o sinal da salvação, tornando-o digno de seu amor. Também prometerão piamente que, se Deus lhe der vida e saúde, eles o afastarão de todas as vaidades do mundo, da corrupção da carne, e que o educarão piedosamente para a glória de Deus (COMENIUS, 2011, p. 67).

Ao destacar que uma das justificativas para o batismo infantil consistia em que os pais assumissem sua responsabilidade na educação dos seus filhos para a glória de Deus, e uma vez que alguns se mostravam negligentes nesse importante quesito, ele afirma previamente:

> Foi dessa maneira que Anna, através de preces fervorosas a Deus, antes da concepção, depois da concepção e após o nascimento, conseguiu a bênção divina para seu filho Samuel [...]. Se os pais, mesmo os devotos, são negligentes nesses assuntos, Deus lhes dará filhos desobedientes, para lhes fazer ver que essa dádiva somente Deus pode dar (COMENIUS, 2011, p. 67).

Em síntese, apreende-se que a decisão de ter filhos era um assunto caro ao pensamento comeniano. Ela deveria se fundamentar na relação matrimonial: "Depois de realizado o matrimónio [...]" (COMÉNIO, 1971, p. 191). Os pais não deveriam ser demasiadamente novos; deveriam assumir todos os cuidados referentes à saúde dos pais para que gerassem filhos saudáveis e eram os responsáveis pela educação dos filhos, como confirma Ariès, na conclusão da sua obra *Família e a sociabilidade*, com referência ao século XVII: "[...] ensinaram aos pais que eles eram os guardiães espirituais, que eram responsáveis perante Deus pela alma, e até mesmo, no final, pelo corpo de seus filhos" (ARIÈS, 2006, p. 194).

Destacou-se o laço intrínseco entre mãe-filho, sem, contudo, eximir o pai:

> [...] o pai que espere vir a ter filhos procure conservar o seu vigor natural por meio de uma vida moderada, do trabalho e da temperança, para que se não esgote nem enfraqueça, ele e os que dele nascerem, os seus filhos e os descendentes deles (COMÉNIO, 1971, p. 191).

Sendo assim, o resultado da conjugação cautelar da união conjugal no matrimônio, a intensa preocupação com a saúde dos pais, sobretudo da mãe no período de gestação e amamentação, e a busca em criar os filhos na piedade para glória do Criador propiciariam à criança a possibilidade de ser bem formada e devidamente capaz de ser educada: "[...] que seus santos anjos o protejam de toda ofensa e que receba a bênção celeste para ter uma próspera educação" (COMENIUS, 2011, p. 66).

Após o nascimento, enfatizou Comenius (1992, p. 181), a criança era homem completo que acabava de nascer e entrara há pouco no mundo exterior à sua mãe, portanto era desconhecedora das coisas; necessitava ser instruída, e sua primeira escola era a casa materna. É nesse ponto que ele procura evidenciar ainda mais não só a responsabilidade dos pais, mas principalmente clarificar os pais como os primeiros educadores dos seus filhos, de modo que eles passavam a ser considerados pais-professores nessa escola da infância. Em função disso, necessitavam de manuais que lhes fossem úteis nessa nova configuração escola-família, em que a criança passava a ser considerada criança-aluno.

No próximo capítulo é relevante verificar as proposições educacionais gerais de Comenius a serem ensinados na instituição escolar, que exercia papel fundamental em sua bandeira: "educação para todos".

02

COMENIUS EM PROL DA ESCOLA: ENSINAR A TODOS

No capítulo anterior, demonstrou-se que havia uma preocupação no pensamento de Comenius com a saúde da mãe no período pré-natal e durante a gestação. Ela deveria adotar todos os cuidados, assim, com as devidas precauções, seu filho ou filha nasceria com perfeita saúde. O nascimento saudável constituía importância, visto que assim a criança teria todas as possibilidades de ser bem educada. Recorda-se, aqui, a concepção do filho(a) como criança-aluno, temática pertinente ao objetivo do presente capítulo.

Ao classificar todos os seres humanos como alunos, consequentemente surgiram preocupações com a criação, a manutenção e o aperfeiçoamento das escolas. Torná-las mais atraentes, com currículos e métodos apropriados, era um dos objetivos do período da Modernidade. Comenius absorveu esse espírito que se iniciava e tratou de sistematizar a Educação, como área independente da Filosofia, propondo, assim, a Ciência da educação. Com isso, contribuiu com a escola da modernidade, por ensejar que todo ser humano fosse considerado um ser que necessitava da formação escolar.

Em decorrência disso, a educação passou a ser essencial para que formasse o homem em homem, e a fim de cumprir esse papel ela teria de ser iniciada desde a mais tenra idade. A criança-aluno foi inserida no processo educativo e vista como um ser que trazia em si a "imagem e semelhança" do Criador. O que significa afirmar que ela deveria ser tratada com deferência, por ser igualmente homem. A partir dessa concepção, advogou-se a criação, a manutenção e o fortalecimento da instituição escolar.

A educação enquanto cura da degeneração humana só seria possível se os pais compreendessem suas responsabilidades educacionais e se assumissem como os primeiros professores dos seus filhos; por outro lado, se se empenhassem na criação, na manutenção e no fortalecimento da instituição escolar. O processo educativo abarcava diretamente a ação da família, a escola e a sociedade humana, pois ele envolvia a vida em sua plenitude (PIAGET, 2010, p. 16).

Por conseguinte, se todos os seres humanos são categorizados como alunos, inseridos em suas respectivas classes escolares, então deveria haver preocupação com o planejamento e estabelecimento ordeiro de todas as coisas escolares, a começar pela classe da escola materna ou escola da infância. Narodowski assinalou esse princípio ao comentar a questão com foco na formação das crianças: "A pansofia não pode ser deixada livre à própria sorte; não deve lhe faltar ordem nem os procedimentos específicos pelos quais se intervém na formação das crianças" (NARODOWSKI, 2000, p. 31).

O pedagogo checo estava convicto de que seria uma séria empreitada e árdua tarefa, a qual requereria a superação de desafios e das grandes dificuldades exigidas nas mais significativas realizações humanas (COMENIUS, 1997, p. 14, 15). Ele havia se prontificado a escrever suas obras pedagógicas porque, em sua leitura crítica, diagnosticou que na educação dos seus dias havia confusão, dissensões, trevas, intranquilidade e pouca paz (COMENIUS, 1997, p. 12), em função da forma como a escola e os escolares eram considerados.

Pode-se ter uma ideia do que estava em sua mente quando se lê o escrito de Ariès: "Nos Séculos XVI e XVII, os contemporâneos situavam os escolares no mesmo mundo picaresco dos soldados, criados, e, de um modo geral, dos mendigos" (ARIÈS, 2006, p. 121). Os alunos foram tratados por alguns como escória, bando de malfeitores, e por aí se estendia o imaginário criado contra a escola e os escolares. Em sua análise da realidade escolar, Ariès demonstrou que, por mais que parecesse ser contraditório aos educadores dos séculos posteriores, na escola do início do século XVII não ocorria o que ela deveria prover: ensino (ARIÈS, 2006, p. 121).

No século XV, em que a normalidade era enviar o filho para morar com outra família, a qual assinava um contrato em que faria a criança frequentar a escola, cuja finalidade consistia em formar o clérigo, nem sempre se cumpria essa responsabilidade (ARIÈS, 2006, p. 114). Em alguns casos, a criança, naquela família, tinha a oportunidade de aprender um ofício ou outro, porém, de um "modo geral, a principal obrigação da criança confiada a um mestre era 'servi-lo bem e devidamente'" (ARIÈS, 2006, p. 155). Infere-se daí que "o serviço doméstico se confundia com a aprendizagem, como uma forma muito comum de educação" (ARIÈS, 2006, p. 156) naquela sociedade.

Comenius faz várias críticas à escola de seus dias. Na *Pampaedia* ele menciona que elas se assemelhavam a casas de trabalhos forçados e a labirintos (COMÉNIO, 1971, p. 104). Isso justificava, em parte, a aversão de muitos escolares, os quais tinham ojeriza à escola e desânimo de frequentá-la, preferindo se dedicar às armas ou artes mecânicas, mesmo que houvesse acesso ao espaço escolar.

Além da confusão de associar aprendizagem a sinônimo de escravidão e serviços domésticos, não raramente muitos se denominavam mestres, porém, eram despreparados ao ensino e, por isso, eram ridicularizados e não levados a sério (NUNES, 1979, p. 291). Não havia qualquer incentivo e estímulo dirigidos aos professores, além do mais, as guerras, as epidemias, as pestes e os conflitos religiosos afetaram de modo agudo a educação e a vida escolar (NUNES, 1980, p. 9), e o "magistério tornou-se o refúgio dos fracassados em outras profissões, e os nobres detestavam sumamente o ofício de professor" (NUNES, 1981, p. 20). Um pai disse de um filho: "Juro que antes de fazer meu filho um pedante, eu o enforcaria. Fazer ressoar a buzina, entender de caçadas, levar bem e adestrar o falcão, eis o que assenta bem a filho de um fidalgo" (NUNES, 1981, p. 20).

De fato, houve mudanças significativas, porém, ainda havia muito por fazer. De forma urgente deveria se repensar a escola, sua organização, seus profissionais e criar novas formas de ensinar para que ela se tornasse, nos termos de Comenius (1997, p. 103), "verdadeira oficina de homens". Enfim, havia necessidade de resgatar a educação, e isso ocorreria mediante a urgente reforma escolar. Por fazer uma leitura apropriada dos seus dias, Comenius empenhou cada momento de sua vivência nessa reforma, como pode ser visto em todas as suas obras.

Um forte argumento comeniano em prol da criação, da manutenção e do fortalecimento da instituição escolar estribava-se em sua análise de que até sua época havia poucas escolas. "Na verdade, em alguns povos, nunca houve escolas; por isso não há neles nenhuma cultura, mas rusticidade selvagem e barbárie" (COMÉNIO, 1971, p. 104). Em outros lugares, existiam escolas, porém foram abandonadas e se tornaram espaços para a promiscuidade humana: "daí uma cultura pervertida, própria não para corrigir a natureza, mas para a corromper ainda mais" (COMÉNIO, 1971, p. 104). Por fim, havia escolas "boas, pias, santas, mas não estavam bem organizadas, pelo que se assemelhavam mais a casas de trabalhos forçados e a labirintos" (COMÉNIO, 1971, p. 104).

Imbuído da convicção de que não havia escolas em alguns lugares; em outros cantos não havia preocupação com sua manutenção, e em raríssimas situações a necessidade era de seu fortalecimento, assinala sinteticamente Comenius: "[...] deve-se procurar criar escolas por toda a parte" (COMÉNIO, 1971, p. 104).

Outro argumento não menos significativo em favor da criação, da manutenção e do fortalecimento da escola consistia no princípio de que muitos pais não apresentavam condições de prover educação qualitativa a seus filhos: "[...] Poucos são os pais que podem ensinar algo de bom aos filhos, seja porque eles mesmos nada aprenderam, seja porque, absorvidos por outros compromissos, negligenciam esses deveres" (COMENIUS, 1997, p. 32).

Ele não eximia os pais de suas responsabilidades na educação dos filhos (COMENIUS, 1997, p. 83), pelo contrário, na escrita de *A escola da infância* é possível perceber que sua ênfase estava em classificá-los como os professores dessa primeira classe escolar e conscientizá-los de que dela dependeriam as demais; entretanto, não se pode negar que seu foco foi assinalar que só a família-escola não poderia cumprir todo o papel educacional, necessário ao desenvolvimento cognitivo:

> Se, pois, quisermos igrejas e estados e famílias bem organizadas e florescentes, antes de mais nada ponhamos em ordem as escolas, fazendo-as florescer, para que se tornem realmente forjas de homens e viveiros de homens de igreja, Estado e família; só assim alcançaremos nossos fins [...] (COMENIUS, 1997, p. 34).

Com o objetivo de criar, manter e fortalecer a escola, na *Pampaedia*, ele afirmou:

> Portanto, para ninguém, em parte alguma, seja descurado, deve providenciar-se em comum para criar escolas públicas, às quais todos tenham o direito e a possibilidade de enviar os seus filhos,

e até mesmo que todos sejam obrigados a fazê-lo [...] também a piedade deve ser ensinada à juventude nas escolas públicas, pois, sendo ela a alma de toda a educação e de toda a nossa vida (COMÉNIO, 1971, p. 111, 113).

Sua tônica recaiu, assim, sobre a criação da instituição escolar pública: "Chamo escolas públicas as assembleias onde os jovens de toda a aldeia, cidade ou província, sob a direção de homens (ou de mulheres) honestíssimos, são exercitados colectivamente nas letras e nas artes [...]" (COMÉNIO, 1971, p. 111).

Há em suas palavras preocupação em deixar clara sua concepção universalista de educação, visto que todos, sem exceção, deveriam ser educados de forma qualitativa na escola pública. Sua ênfase não estava fora do contexto da época, pelo contrário, ressoava como crítica àquela sociedade que fazia distinção entre o ensino que deveria ser ministrado ao povo e o outro destinado às camadas com maior poder aquisitivo. "De um lado, as crianças foram separadas das mais velhas, e de outro, os ricos foram separados dos pobres" (ARIÈS, 2006, p. 120).

Exemplo disso foram as escolas de Port-Royal (*Petites Écoles*), que ocupavam um espaço significativo no século XVII, principalmente por causa dos seus mestres que "viam na educação o único instrumento de melhoria duradoura entre os homens" (EBY, 1970, p. 189). Delas se lê, como acentuou Ruy Nunes, que tiveram, entretanto, restrito alcance, visto que suas classes tinham quatro ou cinco alunos. Isso se devia ao regramento e à disciplina dos alunos, mas principalmente porque elas eram reservadas à nobreza e à burguesia, uma vez que "as taxas escolares eram elevadíssimas e a educação era extremamente seleta e dispensada a uma elite social e econômica" (NUNES, 1981, p. 77). Franco Cambi, igualmente, apontou sobre as escolas de Port-Royal: "As Pequenas Escolas fornecem um ensino preparatório a grupos muito restritos de alunos (cinco ou seis no máximo), cada um confiado aos cuidados de um mestre. Trata-se de escolas para poucos [...]" (CAMBI, 1999, p. 294).

Não pode ser esquecido – e por essa razão Comenius faz questão de sublinhar – que igualmente as mulheres deveriam ser ensinadas, pois ao se falar da mudança significativa que houve no século XVII com relação ao sentimento da criança, alude-se que pouca alteração houve com relação à situação das meninas. O ensino era limitado aos meninos e a percepção de que as meninas deveriam estudar só apareceu tarde e lentamente (ARIÈS, 2006, p. 39), em virtude de que elas seriam destinadas apenas ao casamento (ARIÈS, 2006, p. 125). Prova da preocupação tardia da educação feminina foi o trabalho de François de Salignac de La Mothe-Fénelon, nascido em 1651 (CAMBI, 1999, p. 196). Ele prestou um relevante trabalho nessa área. Porém, antes dele, muitos escritos de Comenius já circulavam pela Europa e neles destacava-se a importância da educação dedicada às meninas.

Frederick Eby testificou que no final do século XVII houve crescente interesse pela educação das meninas entre os católicos da França. Todavia, eram escolas elementares e estavam longe da organização que, também, pouco se encontrava nas escolas destinadas aos meninos (EBY, 1970, p. 194). Geralmente as meninas ricas ou pertencentes à aristocracia eram instruídas em casa por governantas ou tutoras. As principais instituições de ensino eram os conventos, que as preparavam à vida religiosa ou para serem esposas e mães (EBY, 1970, p. 194).

Ainda que algumas se mostrassem capazes nos negócios da família, em consequência da viuvez precoce, não raramente havia o entendimento de que as mulheres careciam de inteligência, e não possuíam alma, portanto, eram inferiores na capacidade de aprender e racionar, restrita aos homens (EBY, 1970, p. 195). Tal compreensão justificavam os tipos de ensino: um destinado aos pobres e outro aos ricos, e o reinante monopólio do sexo masculino (ARIÈS, 2006, p. 125).

Deve-se, entretanto, apontar que o pedagogo checo não fazia distinção entre o ensino de meninos e meninas, ricos e pobres; pelo contrário, defendia a existência da classe mista. Para ele, tanto o rico quanto o pobre deveriam estudar, e a "escola pública" foi denominada assim por ele porque todos teriam os mesmos direitos aos bons professores bons livros, permeados por uma metodologia de ensino compatível com seu lema: "Ensinar tudo a todos".

Concebe-se, diante do exposto, que Comenius foi um árduo defensor da instituição escolar pública, espaço em que todos deveriam ser portadores das mesmas oportunidades à educação. Ninguém deveria ser excluído, porque todos igualmente configuravam-se como imagem e semelhança de Deus.

Considerada a proposta comeniana de educação pública destinada a todas as pessoas, a questão recaiu sobre o método de ensino, em que a pergunta natural consistiu: Como obter os melhores resultados de forma mais eficaz? Em resposta a essa indagação ele expõe seu único método de ensino.

2.1 Ensinar a todos com um método único e universal

Sua proposta de um método universal a ser aplicado a todas as classes escolares fez dele um dos mais requisitados educadores do século XVII, como visto na parte introdutória. A reflexão sobre "método" era uma das principais nos dias de Comenius. Segundo Gasparin (1994, p. 158), os séculos XVI e XVII, e em especial, o XVII, foram considerados os séculos do método.

A tônica em torno do método se deu pela busca da sistematização de um novo modo de pensar e agir: "[...] havia naquele momento histórico um clima geral em que o método era um elemento respirado por todos" (GASPARIN, 1994, p. 158).

Debates como os de Copérnico (1473-1543); Kepler (1571-1630) e Galileu (1564-1642), os quais confluiriam para a "física clássica" de Isaac Newton (ANTISERI; REALE, 1990, p. 185), que resultaria na "revolução astronômica", foram importantes elementos na mudança da mentalidade do século XVII. Era um mundo em transformação nas mais diferentes esferas, que influenciaria diretamente em uma nova compreensão do ser humano e de sua relação com a natureza.

A mudança ocorria gradativamente, de modo a passar do *geocentrismo* ao *heliocentrismo*. A Terra, até então vista como centro do universo, deixava de sê-lo e passava a ser mais um corpo celeste (EBY, 1970, p. 2). Havia fortes oposições religiosas cristãs às ideias heliocêntricas de Copérnico, porque algumas autoridades eclesiásticas entendiam serem as detentoras da hermenêutica final da "verdade" de todas as coisas (LOPES, 2011, p. 72-74).

O pensamento científico, por buscar a autonomia das proposições religiosas, por ser regrado por um método corrigível e em progresso, com uma linguagem específica e clara, e com as suas instituições típicas, percorreu um longo e tortuoso processo na busca da ocupação de seu espaço diante do pensamento cristão ocidental, porque assinalava duas visões de mundo que, à época, se configuravam diametralmente diferentes: uma científica e a outra balizada na fé (LOPES, 2011, p. 75). Segundo Falcon (1989, p. 32), uma concepção de um mundo firmada fundamentalmente na *cosmovisão* religiosa com forte influência das crenças da Idade Média só poderia resultar na oposição aos avanços de um "novo espírito científico".

Esse novo espírito que avançava representava, no campo educacional, o momento específico em que o velho modo de ensinar daria lugar às novas práticas educativas (GASPARIN, 1993, p. 227). A escola existente na Idade Média tinha como função social a evangelização e a catequese, logo, a tônica estava na apresentação dos conteúdos dogmáticos baseados nas crenças religiosas, enquanto os alunos se portavam passivamente como receptores, que cumpriam as funções de escutar e memorizar (GASPARIN, 1993, p. 227).

Nos mesmos termos, Gallego destacou que não havia atenção, por parte dos que estavam envolvidos na educação, à maturação cognitiva do aprendiz e a métodos educacionais. A tônica estava nos clássicos latinos e gregos, onde se contava a história dos povos e se adquiriam os rudimentos das línguas, e tudo isso sob o quadro referencial da teologia ou das crenças (GALLEGO, 1993, p. 268).

Entretanto, havia uma mudança gradual na forma de conceber o mundo, traduzida na nova forma de ensinar (GASPARIN, 1993, p. 228). Essa nova forma, todavia, não era linear, e sim uma mescla de idas e vindas, de dependências recíprocas, percebidas nas obras pedagógicas de Comenius, pois nelas o religioso não se dissociava do pedagógico, e a reforma educativa e a religiosa coincidiam.

> Todos os homens devem ser educados e todos devem ser salvos, porque todos os homens são capazes de ser educados e dignos de ser salvos. A dimensão bíblico-religiosa e a dimensão humana-natural-científica permeiam toda a sua obra (GASPARIN, 1993, p. 229).

O período de transição gradual explicava, em parte, as razões pelas quais Comenius utilizava vários termos, construções e ideias teológicas, próprias da sua religião, porém, há de se ressaltar que, ao utilizar tais princípios, ele focalizava a necessidade da existência de métodos educacionais para ensinar tudo a todos, o que demonstrava sua ascensão para além da perspectiva religiosa medievalista, ao mesmo tempo que se apropriava das necessidades das novas formas sociais que estavam emergindo (GASPARIN, 1993, p. 230, 231), nas quais imperava a urgência de métodos para as diversas áreas do saber.

Fato é que, com o espírito científico que motivava a busca de métodos científicos a serem utilizados na compreensão das coisas e o novo sentimento que valorizava a criança, transformando-a em figura central na família, de forma que, de esquecida, passava a ser desejada e amada, houve preocupação com seu ensino. Houve necessidade de uma metodologia que contemplasse todas as classes escolares, a partir da escola da infância.

Para cumprir essa tarefa e prover os saberes, era mister conhecer e aplicar a melhor metodologia de ensino, com a finalidade de apontar os caminhos com vistas a alcançar o conhecimento de forma rápida e eficaz (NARODOWSKI, 2000, p. 38). Nessa conjuntura Comenius se destacava, ou seja, em sua proposta de um único método universal de "ensinar tudo a todos".

O comeniólogo João Luiz Gasparin declara, a respeito do método de Comenius: "[...] o método único de ensino é o que segue as leis da natureza [...]. A escola da natureza é, pois, quem nos fornece as normas perfeitas de tudo ensinar e de tudo aprender. Obedecendo-as jamais erraremos" (GASPARIN, 1994, p. 147).

À luz das palavras de Gasparin, o método universal proposto pelo pedagogo checo partia da observação, da experimentação e das diferentes aplicações que poderiam ser extraídas dos exemplos da natureza. Destarte, notou-se sua relação estreita com o espírito da época, o conhecimento científico voltado à natureza. Houve preocupação em afirmar que a "arte de ensinar não exige mais que uma disposição tecnicamente bem feita do tempo, das coisas e do método" (COMENIUS, 1997, p. 127). A disposição ordeira do tempo, das coisas e do método funcionaria semelhante a um relógio:

> E tudo ocorrerá de modo tão fácil quanto o funcionamento de um relógio perfeitamente equilibrado pelos pesos [...] Tentemos, em nome do Altíssimo, proporcionar às escolas uma organização tal que corresponda exatamente à do relógio construído com técnica perfeita e decoração esplêndida (COMENIUS, 1997, p. 127).

Fica evidente, portanto, a estreita relação da ordem com o ensino eficaz. Essa ordem seria extraída da natureza.

> Procuremos [...] os fundamentos sobre os quais se possam edificar, como sobre rocha imóvel, um método de ensino e de aprendizado. [...] Os remédios [...] deverão ser buscados na própria natureza, pois é verdade que a arte nada pode se não imita a natureza (COMENIUS, 1997, p. 129).

Para fundamentar seu argumento, o bispo moraviano utilizou vários exemplos em que a arte imitava a natureza, e depois de demonstrá-los, sublinhou:

> Por todos esses exemplos, está claro que essa ordem que deseja-mos como ideia universal da arte de ensinar e de aprender tudo só pode ser extraída da escola da natureza [...]. Esperamos que, observando o modo como a natureza procede para fazer isto ou aquilo, sejamos convencidos a proceder de modo análogo (COME-NIUS, 1997, p. 131).

A base do método universal de Comenius estava na natureza. Nesse ponto singular, Piaget acentuou a genialidade de Comenius que, segundo ele, residia em haver Comenius, entrelaçado o homem à natureza (PIAGET, 2010, p. 14) e aplicado esse vínculo como fator importante de sua teoria educacional: "A ideia central é, sem dúvida, a natureza formadora que ao se refletir no espírito humano graças ao paralelismo entre o homem e a natureza, provoca, pela mesma ordem natural, o processo educativo" (PIAGET, 2010, p. 15). Essa assertiva foi novamente enfatizada: "Comênio está mais próximo de nós, bem mais pelo modo como concebe a natureza do que pela maior parte das teses defendidas em sua didática" (PIAGET, 2010, p. 17).

A leitura de Piaget sobre Comenius compatibilizou-se com a do pedagogo checo, visto que o bispo moraviano se espelhou na relação do homem com a natureza para expor seu método universal de ensinar a todos: "O princípio deve ser o de conformar, do modo mais exato possível, as operações da arte às normas segundas as quais a natureza obra [...]" (COMENIUS, 1997, p. 146).

Pois bem, bastava saber como poderia ser compreendido o método único e universal de Comenius? Fazia-se necessário entendê-lo porque ele seria aplicado a todas as classes escolares, e já que a escola da infância ou escola materna era compreendida como escola, então nela igualmente ele seria aplicado.

Nos textos da *Didática magna*, *Pampaedia* e *A escola da infância* houve o reconhecimento da existência dos métodos: análise, síntese, e o preconizado por Comenius, *síncrise*. Da coligação desses três métodos decorreu o método para se conhecer perfeitamente as coisas. Assim, na *análise*, a ênfase estaria na decomposição da unidade nas suas partes, consequentemente haveria um "primeiro e profundo fundamento de todo o verdadeiro conhecimento" (COMÉNIO, 1971, p. 155). Essa decomposição deveria ser paciente com atenta vigilância, de maneira a trazer luz à inteligência: "Portanto, devemos atender à análise das coisas acuradamente e como que religiosamente" (COMÉNIO, 1971, p. 156).

Na *síntese*, ocorreria a recomposição das partes no seu todo. "Ela será imensamente vantajosa para consolidar o conhecimento das coisas" (COMÉNIO, 1971, p. 156). Por fim, na *síncrise*, ocorreria a "comparação das partes com as partes e dos todos com os todos" (COMÉNIO, 1971, p. 156).

Comprovava Comenius que o conhecimento descoberto pela *análise* e *síntese*, por ocorrer isoladamente, era parcial; porém, para o conhecimento e a harmonia das coisas, bem como suas relações essenciais com os objetos a serem compreendidos, era necessário trazer luz às mentes dos seres humanos, e, nesse caso, o método *sincrítico*, preconizado por ele, configurava-se como imprescindível.

Em seu modo de entender, deveria iniciar-se o ensino pelo procedimento metodológico da *síntese* (COMENIUS, 1997, p. 251), uma vez que o conhecimento partia das coisas gerais às particulares. Nesse caso, o objeto a ser pesquisado deveria estar diante dos olhos (a uma curta distância) do pesquisador. Assim, o objeto seria visto em sua totalidade (COMENIUS, 1997, p. 237). Após a *síntese*, seria utilizada a *análise*, na qual todas as partes seriam compreendidas em suas minúcias. A finalidade consistia em decifrar o objeto, até que todas as suas partes fossem conhecidas, as semelhantes e as diferentes.

Feito isso, aplicava-se o método comeniano, denominado por ele de *sincrítico*, que buscava, por meio da comparação das partes, os aspectos comuns e essenciais do objeto sintetizado e analisado. No *sincrítico*, era necessário ter outros materiais que se assemelhassem ao objeto de pesquisa para serem feitas as comparações e verificar suas semelhanças e diferenças. Assim, poderia se obter um conhecimento exato do objeto de pesquisa em comparação a outros a serem pesquisados.

Essa maneira de conceber fundamentou o princípio de que "o conhecimento obtido num determinado campo oferece elementos para compreensão de outras áreas paralelas" (GASPARIN, 1994, p. 153). "Para Comênio, o método sincrítico consiste na 'ação da mente que compara uma coisa com outra', fazendo-as passar por um crivo a fim de separar, discernir o que é o melhor de todo o resto" (GASPARIN, 1994, p. 154).

De forma mais explícita, se esse método consistia em comparar as coisas, seria fácil entender sua tônica nos exemplos sacados da natureza. É possível imitá-la e fazer comparações entre o que se pretende ensinar e aprender com coisas da natureza. Assim, a base do seu método *sincrítico* consistia em fazer as comparações e aplicar os princípios da natureza ao processo de ensinar e aprender.

Exemplos práticos que deveriam ser imitados brotavam da natureza. Assim, ele compara a mente humana com a terra, um jardim e com a cera que seria versátil enquanto ainda não estivesse endurecida (KULESZA, 1992, p. 96). Um dos modelos que melhor exemplificava o significado do seu método *sincrítico* estava na comparação estabelecida entre o Sol e a escola: "Devemos imitar o sol, no céu, que é o exemplo mais sublime oferecido pela natureza" (COMENIUS, 1997, p. 206).

> O sol não se ocupara com objetos em particular, como uma árvore ou um animal, mas ilumina, aquece e ergue vapores sobre toda a terra. Com os mesmos e únicos raios, dá luz a tudo [...] ao mesmo tempo, produzindo em todas as regiões a primavera, o verão, o outono e o inverno [...]. Mantém sempre a mesma ordem. Faz nascer cada coisa de sua própria semente, e não de outra. Faz juntas as coisas que devem ficar juntas [...]. Faz tudo gradualmente [...]. Finalmente, nada produz que seja inútil; e se algo de inútil nascer, queima-o e mata-o (COMENIUS, 1997, p. 207).

Na comparação do Sol com a escola, ele ensinou que ela deveria imitar o Sol:

> Para agir imitando o sol: Para cada escola [...] deverá ser designado apenas um preceptor. Para cada matéria, um só autor. Um único e idêntico trabalho deverá constituir empenho comum de toda a classe. Todas as disciplinas e línguas devem ser ensinadas com um único e idêntico método [...] tudo o que for interligado deve assim continuar. Tudo deve ser ensinado gradualmente (COMENIUS, 1997, p. 208).

Nas palavras acima está um exemplo do método *sincrítico*, ou seja, comparações. Ele estava associado à análise e à síntese; porém, para que as pessoas aprendessem e não esquecessem era necessário fixar o conhecimento por meio das comparações, simbolismo ou paralelos com outros objetos a serem captados pelos sentidos. Poder-se-iam, por exemplo, na tratativa da arte das línguas, juntamente com as palavras a serem ensinadas, ter imagens, histórias, ou quaisquer situações que a criança-aluno pudesse associar ao conhecimento a ser obtido.

É por essa razão que se encontram na *Didática magna*, na *Pampaedia* e em *A escola da infância* várias associações do homem com a natureza, a qual, por meio dos sentidos, conduziria o ser humano à razão, que deveria ser compreendida como o conhecimento das conexões entre o homem e as coisas. Disso decorreu sua ênfase aos sentidos, que se processava como vital ao conhecimento e se revestia no caminho às comparações a serem estabelecidas na arte de ensinar e aprender: "O conhecimento tem sempre início necessariamente nos sentidos [...]. As coisas, primeiro e imediatamente, imprimem-se nos sentidos, para depois, graças aos sentidos, se imprimirem no intelecto" (COMENIUS, 1997, p. 233).

O ideal seria que o objeto a ser aprendido fosse apresentado diretamente aos sentidos; entretanto, caso isso não fosse possível, havia necessidade de meios substitutivos, como modelos ou imagens aplicadas especialmente ao ensino. Isso justificou a escrita dos textos comenianos *Janua linguarum reserata* [Porta aberta das línguas], que se tornou um sucesso na Europa por propor ensinar a criança com princípios extraídos do seu cotidiano. Nessa obra, Comenius enlaça seus ensinos com a natureza, com os diversos ofícios, tais como a pecuária, dentre outros temas (COMENIUS, 1657c, p. 251-302); e *Orbis pictus sensualium* [O mundo sensível em imagem], considerado o primeiro livro ilustrado aplicado à arte de ensinar e aprender (COMENIUS, 1657a).

À luz do exposto, o método comeniano, único e universal para ensinar tudo a todos, consistia na aplicação conjugada da *síntese*, da *análise* e da *síncrise*. Infere-se daí que todas as coisas deveriam ser examinadas analiticamente para que se conhecessem como e por que se fez ou se faz isso ou aquilo; sinteticamente, para verificar a coerência quando fosse recompor as partes e sincriticamente comparando e associando o que foi estudado com o modelo original, para captar o que era essencial no processo de aprender e ensinar. Além disso, para que o conhecimento adquirido não escapasse à memória, deveria ser associado com coisas da natureza (GASPARIN, 1994, p. 156). "Pela integração dos três métodos é que se obtém o conhecimento verdadeiro, sendo que a ênfase maior é dada por Comênio à síncrise" (GASPARIN, 1994, p. 157).

Tendo discorrido a respeito do método de Comenius, é indispensável dar continuidade à pesquisa, com a finalidade de considerar seus ensinos a respeito da organização escolar, que se fundamentava no processo gradual do conhecimento dos alunos e, ao mesmo tempo, especificar que a escola da infância era parte integrante do seu modelo organizacional de instituição escolar, daí a terminologia a ser utilizada na faixa etária de zero a seis anos – família-escola ou escola-família –, pois eram indissociáveis entre si e das demais classes escolares.

2.2 Ensinar a todos gradualmente: a organização escolar

O desejo de aprender era inato ao ser humano (NARODOWSKI, 2000, p. 32), entretanto, esse desejo deveria ser despertado, respeitando-se o momento propício para que ocorresse o ensino: "Tudo o que será aprendido deve ser disposto segundo a idade" (COMENIUS, 1997, p. 148).

O respeito à idade apropriada no processo de ensino e de aprendizagem foi enfatizado porque seu exemplo imitava a natureza, na qual não se encontra nada que não siga seu modo natural e progrida espontaneamente. Infere-se daí que, em sua didática, jamais se poderia conceber, no processo de ensinar e aprender, que a escola deixasse de levar em consideração o ensino gradual e seus aspectos cognitivos. Nos termos de Comenius, a arte do ensino com foco no processo gradual de ensinar e aprender tornaria mais fácil e agradável o estudo dos alunos (COMENIUS, 1997, p. 177).

Aliás, essa é uma relevante contribuição de Comenius ao processo educativo de seu tempo e aos dias atuais. Ao comentar sobre as origens das classes escolares, em sua obra utilizada como referencial dessa pesquisa, Ariès ensinava que desde o século XV houve alguma preocupação com a categorização das classes escolares. Entretanto, explicitou que, mesmo no século XVII, essa categorização sublinhava mais o grau do que a idade (ARIÈS, 2006, p. 112). Por conta disso, as idades eram misturadas, de maneira que crianças de 10 a 14 anos, adolescentes de 15 a 18 e jovens de 19 a 25 frequentavam as mesmas classes. "Até o fim do século XVIII, não teve a ideia de separá-los" (ARIÈS, 2006, p. 115).

Do diagnóstico comeniano, em consideração às palavras de Ariès sobre o estado das escolas de seu tempo, o pedagogo moraviano demonstrou que as escolas do seu tempo contrariavam dois princípios: (a) Não aproveitavam o momento propício à educação; e, (b) não eram organizadas de modo a considerar o conhecimento gradual dos escolares:

Nas escolas contraria-se esse princípio de dois modos: não aproveitando o tempo oportuno para exercitar os engenhos não organizando cuidadosamente os exercícios de modo que tudo avance gradualmente e sem erros (COMENIUS, 1997, p. 148).

Narodowski (2006, p. 39) destacou:

A inexistência de graduação, tanto na delimitação dos conteúdos que se transmitirá em cada etapa escolar quanto dos tempos destinados a cada um desses estudos, contribui para traçar o desordenado panorama educativo da formação escolar.

Após essa afirmativa, assinalou de Comenius: "A graduação aparece como conceito-chave que conduziria o bom desempenho de todo o processo de ensino certamente inexistente nas escolas de seu tempo" (NARODOWSKI, 2006, p. 39).

O pedagogo checo organizava a instituição escolar conforme a idade e o desenvolvimento dos alunos: "[...] para cada homem, cada idade da sua vida é uma escola, desde o berço até ao túmulo" (COMÉNIO, 1971, p. 107). Ao considerar a vida e suas diferentes etapas, concebeu: "[...] cada idade é destinada a aprender, e os mesmo limites são impostos aos homens para viver e estudar [...] importa, portanto, repartir as fases e todas as tarefas da vida inteira [...]" (COMÉNIO, 1971, p. 107).

Ele, assim, repartia as fases da vida em quatro momentos escolares, com suas respectivas durações, como pode ser visualizado no Quadro 2.1, estabelecido por Lopes (2006, p. 222):

Quadro 2.1   *Classes Escolares.*

Grau	Escola	Local	Público-alvo	Faixa etária	Duração
I	Escola Materna	Lar	1ª infância	0 a 6	6 anos
II	Escola Primária	Comunas, vilas e aldeias	Puerilidade	6 a 12	6 anos
III	Escola Latina ou ginásio	Cidades	Adolescência	12 a 18	6 anos
IV	Academia	Reinos e províncias	Juventude	18 a 24	6 anos

Ao especificar cada classe, Comenius demonstrou que a diferença fundamental entre as escolas não estava nas matérias ou conteúdos, que eram sempre os mesmos; entretanto, deveriam ser ensinados de modo diferente e de acordo com a maturação intelectiva dos alunos. De modo geral, na *Schola Infantiae* [Escola da infância] (COMENIUS, 1657, vol. I, p. 166), de zero a seis anos, era preciso ensinar conteúdos gerais e elementares (COMENIUS, 1997, p. 321).

Vale ressaltar que a criança-aluno desse nível educacional estava em fase de adaptações diante do mundo em que acabara de entrar. Mesmo que ela tivesse mais idade, quatro ou cinco anos, ainda assim requereria conhecimentos gerais e exercícios simples para sedimentar os que no futuro se configurariam como complexos. Outro aspecto dessa escola era que seus professores seriam os pais, e essa maneira de entendê-los igualmente justificava o conhecimento geral dos conteúdos escolares, visto que eles não possuíam conhecimentos específicos educacionais.

A *Schola Pueritie* [Escola Vernácula Pública] (COMENIUS, 1657, vol. I, p. 166), dos seis aos 12 anos, faixa etária considerada por Comenius como "criança" ou *pueril* (COMENIUS, 1997, p. 323), distinguia-se da *Schola infantiae*, pela idade e, pelo fato de que, nessa classe, os alunos haveriam de ser ensinados por professores profissionais ou especialistas e não pelos pais, que já cumpririam parte de suas funções na primeira das classes escolares. Não implicava, porém, que eles devessem outorgar o processo educativo só aos professores, pelo contrário, eles seriam os estimuladores e incentivadores da entrada das crianças-alunos nessa segunda classe escolar.

Como parte desse estímulo estava o elogio à escola aos professores e premiações aos filhos que aprendessem bem os ensinos escolares da fase *pueril* (COMENIUS, 2011, p. 79-83). Nessa classe escolar deveriam ser exercitados os sentidos externos para que eles fossem potencializados, já que na *Schola Latina* a tônica recairia nos sentidos internos. Nela, o aluno deveria se habituar a ter um conhecimento adequado dos objetos (COMENIUS, 1997, p. 321). Caso não dispusesse do objeto concreto era indispensável ter diante dos sentidos imagens e figuras.

Na *Schola Latina* [Escola Latina ou da adolescência] (COMENIUS, 1657, vol. I, p. 166), dos 12 aos 18 anos, exercitavam-se os sentidos internos, como a imaginação e a memória, por meio das mãos e da língua. Neste caso, poderia-se exercitá-los lendo, escrevendo, pintando, cantando, contando, medindo, pesando, aprendendo de cor, dentre outras atividades (COMENIUS, 1997, p. 321).

Na *Schola Juventutis* [Escola da Juventude ou Academia] (COMENIUS, 1657, vol. I, p. 166), dos 18 aos 24 anos, classe do ginásio, deveria haver a preocupação de formar o juízo de todas as coisas, captadas por meio do sentido, com uso da dialética, da gramática, da retórica e de todas as ciências e artes, segundo o "como" e o "porquê" (COMENIUS, 1997, p. 321). Na academia, formar-se-iam as habilidades pertencentes à vontade, ensinando-se a manter as faculdades em harmonia, possibilitando-se o estudo teológico referente à alma, o conhecimento da filosofia com relação à mente, da medicina referente às funções vitais do corpo e do direito com referência aos bens externos (COMENIUS, 1997, p. 321).

Destaca-se que, para Comenius, ambos os sexos, pobres e ricos deveriam ter acesso às quatro classes escolares:

> A educação universal resume-se [...] não apenas que um só homem, ou alguns, ou muitos, mas todos (*omnes*) e cada um dos homens, jovens, e velhos, ricos e pobres, nobres e plebeus, homens e mulheres, numa palavra, todo aquele que nasceu homem, para que, enfim, todo o género humano venha a ser educado, seja qual for a sua idade, o seu estado, o seu sexo e a sua nacionalidade (COMENIUS, 1971, p. 38).

Porém, deveriam ser levadas em conta a aptidão e vontade dos alunos. As escolas da infância e a *pueril* destinavam-se a todos indistintamente; a *latina* educaria os jovens que aspirassem a trabalhos mais elevados que os manuais; e as *academias* formariam os professores e os dirigentes do futuro da Igreja, da Escola e do Estado, de maneira que jamais faltassem pessoas aptas a assumir funções de direção (COMENIUS, 1997, p. 322).

Não só havia preocupação em categorizar as classes escolares pela faixa etária e ter um ensino gradual, mas também em permitir que todos pudessem ser formados, alguns, porém, por questão de vontade poderiam seguir nos estudos com foco de suceder os que estavam investidos de autoridade no Estado, na Igreja e na Escola. Outros, porém, não precisariam necessariamente dessa aptidão.

O mais relevante, porém, era permitir que todos tivessem acesso à educação e não fossem vistos como crianças ou seres incompletos, e sim, homens acabados de nascer com todas as habilitações condicionantes ao aprendizado, que necessitavam de formação educacional (*erudiendus*) para que cotidianamente deixassem de se enquadrar na categoria de *rudis* (incultos). Essa, aliás, era a razão das classes escolares: transformar *rudis* (incultos) em *erudiendus* (cultos).

Por exemplo, quando a criança-aluno entrava na escola-família, ela era considerada alguém de vazia noção, com língua balbuciante, mãos inertes, incapazes de produzir qualquer arte. Em razão disso, não havia o que esperar dela, a não ser pensamentos, palavras, ações e relações grosseiras com os homens e com Deus (COMÉNIO, 1971, p. 196).

As crianças eram consideradas incultas ou *rudis*. Entretanto, não poderiam permanecer *rudis*, ao contrário, a razão da escola desde a materna era que elas se tornassem *eruditus,* isto é, todos de maneira inteligente apreendessem todas as coisas, exprimissem com palavra todas as coisas, fossem possuidores das artes e suas relações interpessoais se tornassem sempre brandas e suaves (COMÉNIO, 1971, p. 197).

Com isso seria possível perceber a importância de capacitar pessoas para o exercício da docência. A educação era algo a ser levado a sério, portanto, haveria de se ter pessoas bem formadas e empenhadas na arte de ensinar.

É mister deixar claro que Comenius, porquanto considerasse os pais-professores, que igualmente deveriam possuir boa formação para ensinar seus filhos de maneira adequada, não os tinha como profissionais da educação. Ele considerava profissionais da educação as pessoas incumbidas de formar a criança-aluno, a partir da escola pública, que tinha início aos seis anos de idade e se estenderia até a última das classes escolares, a Academia.

Até a idade dos seis anos, as crianças-alunos deveriam permanecer na escola da infância ou materna (COMENIUS, 2011, p. 75), depois disso, deveriam ser enviadas à segunda classe, onde aprenderiam com os profissionais da educação (COMENIUS, 2011, p. 76).

2.3 Profissão-professor

As considerações de Ariès e de Ruy Nunes são instigantes quando se referiram ao magistério e aos escolares: "Nos séculos XVII e XVII, os contemporâneos situavam os escolares no mesmo mundo picaresco dos soldados, criados, e, de um modo geral, dos mendigos" (ARIÈS, 2006, p. 121). Nos termos de Nunes (1981, p. 20) o "[...] magistério tornou-se o refúgio dos fracassados em outras profissões, e os nobres detestavam sumamente o ofício de professor". A profissão de "professor" foi desprezada, ridicularizada e, com isso, não havia incentivo, e eram os raríssimos homens e mulheres que se aventuravam na empreitada educacional.

Entretanto, esse foi um diferencial comeniano, uma vez que em sua compreensão da instituição escolar defendeu a tese de que a escola só cumpriria sua função, missão e objetivos se pudesse contar com professores de confiança que soubessem fundamentar o conhecimento das crianças. Daí a necessidade de que eles fossem sábios, conhecessem os fundamentos do ensino e fossem remunerados com um bom salário (COMENIUS, 1992, p. 214-215). Os salários maiores deveriam ser destinados aos docentes da escola primária, que teria início aos seis anos de idade:

> E porque se trata de homens de tenra idade, ainda desconhecedores das coisas, esta primeira idade necessita, de modo muito especial, de professores dedicados e engenhosos. Isto é verdade também porque se trata de fixar bem os primeiros fundamentos do edifício, as primeiras pinceladas do quadro, pois, assim como forem feitas as primeiras coisas, assim o serão todas as outras. Portanto, o professor da escola primária deve ser mais sabedor que os outros e ser remunerado com um salário maior em relação aos outros (COMÉNIO, 1971, p. 231).

Em sua análise, os formadores de outros homens deveriam ser: *piedosos*, isto é, dedicados a Deus; *honestos*, imaculados diante dos homens sob todo ponto de vista; *dignos*, para que fizessem todas as coisas com a mais suave severidade; *diligentes e prudentes*, a fim de que nunca sentissem o peso ou se envergonhassem do seu ofício, nem se deixassem abater pelas fadigas. Esses qualificativos seriam exigidos dos docentes em função de sua responsabilidade principal, que era "restabelecer no homem a imagem perdida de Deus ou a perdida perfeição do livre-arbítrio, a fim de que os homens aprendam a conhecer as coisas" (COMÉNIO, 1971, p. 149).

Com esse mesmo propósito, "lembrem-se, portanto, os educadores dos homens que o seu dever é ensinar aos homens todas aquelas coisas que dizem respeito à reparação da imagem divina em nós" (COMÉNIO, 1971, p. 149). Portanto, "o fim primário, comum a todos os educadores, para o qual deve dirigir-se toda a educação do homem, é o seguinte: a restauração em nós da perdida imagem divina" (COMÉNIO, 1971, p. 150).

Somado a isso, o docente teria a incumbência de ensinar tudo a todos, em todas as coisas totalmente. "Todos" teria o significado de fornecer a todos os homens, de todas as idades e de todos os engenhos, conhecimento mais completo das coisas. Ensinar todas as coisas dizia respeito ao aperfeiçoamento da natureza humana, qual seja, conhecer todas as coisas verdadeiras, escolher todas as coisas boas, fazer todas as coisas necessárias à vida (COMÉNIO, 1971, p. 150).

Está claro que havia no pensamento comeniano apologia à "profissão--professor" por considerá-la parte integrante e necessária à instituição escolar, sobretudo desde a segunda classe escolar, isto é, a partir dos seis anos:

> [...] o mesmo deverá verificar-se com os educadores do gênero humano: que não faltem em nenhum lugar, que não haja senão bons, que sejam doutos e capazes de ensinar, que eles próprios entendam todas as coisas que tornam o homem e saibam em todas essas coisas instruir os outros (COMÉNIO, 1971, p. 105).

É significativo lembrar que ele partia do princípio de que a educação era a cura da degeneração humana (COMÉNIO, 1971, p. 94) e, por meio dela, os alunos resgatariam em si mesmos a imagem divina. Consequentemente, os professores deveriam ter a consciência de que estariam formando o ser que era considerado pelo pedagogo checo a coroa da criação e a "imagem e semelhança de Deus". Assim, o docente deveria estar convicto de sua vocação e da importância do seu ofício, pois deveria buscar o conhecimento perfeito e servir de bom exemplo aos seus alunos, como afirmou Rubiana Bárbara (2010, p. 113), ao tratar da *Profissão professor em Comenius*: "Percebemos que o professor deve buscar sua perfeição e ser exemplo para seus alunos."

Na significativa relação da escola-professor-criança-aluno, o pai da pedagogia moderna advertia os pais com relação ao envio dos seus filhos à escola. Em sua advertência percebe-se a relevância dada à escola e ao professor. Antes de se dirigirem à escola, as crianças deveriam saber as razões pelas quais para lá, iriam e os pais não deveriam transmitir qualquer pensamento aos filhos de que os docentes se apresentavam como pessoas ruins e a escola, suplício.

Em vez disso, deveriam dizer palavras estimuladoras sobre a escola. Necessitava dizer que delas saíam magnatas, governantes, doutores, senadores, dentre outros profissionais. Com essa atitude e preparação, "[...] facilmente se consegue que o menino faça uma apreciação alegre e favorável da escola e dos professores [...]" (COMENIUS, 2011, p. 82).

Palavras de apoio, dos pais aos professores, gerariam na criança-aluno não só a aceitação do professor, mas também o amor ao ensino, de modo que, quando fossem à escola estariam desejosos de aprender. Isso em muito facilitaria o trabalho do professor no processo de ensinar e aprender: "Os pais conseguirão levar os filhos a aceitar com amor o ensino [...]. Os mestres conquistarão com tanta facilidade o coração das crianças que elas terão mais vontade de passar o tempo na escola do que em casa" (COMENIUS, 1997, p. 169).

O professor tinha papel fundamental nos escritos de Comenius, de maneira tal que revelou como deveriam proceder na arte de ensinar. Novamente, fez questão de retomar sua tese principal: "Examinando-se os exemplos da natureza, está claro que a educação dos jovens se desenvolverá facilmente" (COMENIUS, 1997, p. 165). "Convém seguir novamente as pegadas da natureza" (COMENIUS, 1997, p. 166).

Da natureza, ele paleteava que o professor deveria se preocupar em educar seus alunos desde cedo, ou como já se tem visto, "desde a mais tenra idade, antes que as mentes se corrompam" (COMENIUS, 1997, p. 165), sem esquecer, contudo, o momento propício e tendo em consideração que se tratava de um ensino gradual, pois, "as coisas só atraem quando adequadas à idade" (COMENIUS, 1997, p. 170).

Isso posto, tão fundamental quanto o professor era que na instituição escolar houvesse livros que fossem manuais destinados ao ensino dos alunos.

2.4 Os livros escolares

Havia, para Comenius, uma associação direta do professor com o livro didático e com a idade mental dos alunos. Na compreensão dos livros destinados à escola, Comenius entendia que, à semelhança das escolas, alguns povos não possuíam livros; outros, por outro lado, os tinham em excesso, situação esta que não colaborava com a inteligência, mas a obstruía. Outros livros traziam em si muitos erros, mas transmitidos como verdades (COMÉNIO, 1971, p. 104). Diante dessa realidade, Comenius afirmou:

> Deve-se, portanto, melhorar-se este instrumento da cultura humana que são os livros, de modo que não possam faltar a nenhum povo e que a sua infinita multidão seja reduzida a um número limitado, seja reduzido o supérfluo ao suficiente, a vaga liberdade das opiniões à solidez das verdades e a sua utilização fatigante seja reduzida a métodos amenos (COMÉNIO, 1971, p. 104).

Na *Didática magna* há uma apresentação geral desses livros, e o autor acentua que deveriam estar de acordo com a faixa etária ou graduação dos alunos. Os livros didáticos seriam quatro, assim como os graus das idades: *Vestíbulo, Porta da língua, Palácio* e o *Tesouro* (COMENIUS, 1997, p. 259).

O *Vestíbulo* deveria conter matéria para quem estava aprendendo a falar, com algumas centenas de vocábulos reunidos em pequenas frases; em anexo, deveria haver tabelas de declinações e de conjugações (COMENIUS, 1997, p. 259).

O *Porta da língua* haveria de conter todas as palavras efetivamente usadas na língua materna de cada povo, reunidas em frases breves que expressassem as coisas concretas. A elas se deveriam acrescentar regras gramaticais breves e claras, "que mostrem o modo verdadeiro e genuíno de escrever, pronunciar, formar e construir palavras numa língua" (COMENIUS, 1997, p. 259).

O *Palácio* precisaria conter vários assuntos, ornados com frases elegantes; "à margem, deve haver notas que indiquem de que autores foram tomados os textos. Ao pé, devem ser acrescentadas regras para variar e embelezar de mil modos às frases e os pensamentos" (COMENIUS, 1997, p. 259).

O *Tesouro* tinha como fundamento autores clássicos:

> A partir de alguns desses autores deve ser feita uma coletânea que será lida nas escolas; com outros, pode-se preparar um catálogo para que, se alguém tiver a ocasião ou o desejo de ler autores que

tratem deste ou daquele assunto, saiba quais são eles (COMENIUS, 1997, p. 260).

Os livros a serem utilizados na escola precisavam colaborar do seguinte modo: preparar o caminho àqueles que ingressaram mais tarde na escola do latim; indicar o caminho aos que já frequentaram todas as classes da escola e língua materna; destinar-se aos que já frequentaram apenas algumas, portanto, sabiam ler apenas as primeiras letras; dedicar-se aos que não frequentaram as primeiras letras, mas depois, por seu próprio esforço, tivessem conseguido aprender satisfatoriamente o conteúdo das outras disciplinas.

Isso ocorreria se todos os livros e cada um deles fossem: universais, isto é, contivessem toda a matéria; metódicos, fazendo avançar a inteligência espontaneamente e progressivamente; adornados com figuras, símbolos intercalados no texto e com outras coisas atraentes e agradáveis. Principalmente, que eles extraíssem seus conteúdos do cotidiano da criança: "A razão destes requisitos é a seguinte: que as crianças, cativadas por esta classe de títulos, se animem mais facilmente; para que entendam melhor sua graduação e cada um veja claramente que há de fazer" (COMENIUS, 1992, p. 217).

Portanto, que os programas contidos nos livros da infância ocupassem todo o tempo para que não se permitisse à criança buscar as coisas vãs e as maldades; que estivessem cheios de sentenças seletíssimas, extraídas das Escrituras, isto é, pelo menos mil palavras da Bíblia (COMENIUS, 1992, p. 218), de aforismos, provérbios ou máximas.

Comenius não defendia a importância do livro didático porque pretendesse utilizá-lo como material ideológico para difundir os ideais políticos e educacionais da burguesia. No estudo da *Pampaedia*, essa questão ficou explícita, haja vista que Comenius (1992, p. 218) afirmou que o livro didático deveria servir apenas como "muletas para endireitar as pernas, porém, uma vez fortalecidos, devem ser tirados". Ressaltam-se as palavras de Comenius (1992, p. 218):

> Finalmente estes livros didáticos (como os outros instrumentos artificiais) não devem ser para nós como os pés, mas como muletas para endireitar as pernas, que sustentam e dirigem aqueles que dão os primeiros passos, porém, uma vez fortalecidos os pés, se tiram fora. Do mesmo modo nossa inteligência, mente, vontade, mãos e língua têm necessidade de guias, porém há que cuidar que não necessitem sempre desta direção e que sejam utilizadas de forma que, depois, podem prescindi-las delas.

O livro didático cumpria uma função; uma vez alcançada, ele deveria ser posto de lado para que um método mais agradável ocupasse o seu lugar, cuja finalidade compreendia: *autopsia* (ver por si mesmo); *autolexia* (dizer por si mesmo); *autopraxia* (fazer por si mesmo); *autochrestia* (utilizar por si mesmo). Só assim poder-se-ia prover às crianças: "ver, ouvir, tocar todas as coisas; pronunciar, ler e escrever todas as coisas; desfazer e fazer tocar todas as coisas e utilizar as coisas de maneira que lhe sejam mais úteis" (COMENIUS, 1992, p. 218-219). Infere-se daí que Comenius estava preocupado com uma educação reflexiva e não com a que se fundamentava apenas no exterior livresco. O livro apresentava uma direção, porém o importante era a reflexão, desde que respeitada a idade mental da criança (COMENIUS, 1992, p. 219).

Isso posto, ao considerar os argumentos comenianos em prol da criação, da manutenção e do fortalecimento da instituição escolar, da profissão de professor e da organização escolar em seu escopo geral, ficou patente sua concepção em tratar a criança como aluno. É de suma relevância destacar que a instituição escolar somente poderia cumprir sua tarefa de ser oficina de homens se a criança, desde a primeira educação, que se processa no seio familiar, fosse vista como um ser que devesse ser educado.

Não se trata somente de responsabilizar a família, e sim, da maneira de conceber a criança como aluno. Por isso, Comenius se referia à primeira infância ou às crianças de zero a seis anos como uma faixa etária que pertencia a uma escola: *Schola infantiae*. Nesse contexto, à guisa de reforço, ressalta-se a distinção feita por Comenius entre os termos *Infanti* e *Pueriti*, uma vez que em seus dias não raramente ambos abarcavam as duas escolas, a da *Infância* e a *Pueril*. Ele estabelece em seus escritos, principalmente na *Pampaedia*, que a periodização *Infans* refere-se a um homem acabado de nascer, porém inculto (*rudis*), que precisa ser educado (*erudiendus*) e corresponde à faixa etária de zero a seis anos (COMÉNIO, 1971, p. 195); já a *pueril*, como sendo a criança a partir dos seis anos (COMÉNIO, 1971, p. 229).

No caso desta pesquisa, que está focada nas crianças de zero a seis anos, que estão na escola da infância, é significativo acentuar que a criança devesse ser tratada como aluna por estar em uma escola, e que os pais – ou, em alguns casos, as amas – seriam os primeiros a cumprir o papel educacional dispensado a esse escolar.

Acrescido a isso, deve-se rememorar que essa escola, correspondente à primeira infância, portanto, inicia o processo educativo, de modo que a partir dessa base fundamental é possível emitir juízo de valor se a formação da criança atenderá os bons ou os maus costumes no decorrer de sua vida escolar. Fato é que da escola da infância dependeria o êxito das demais categorias escolares. Prova de que esse é o pensamento de Comenius pode ser percebida na *Pampaedia*, em que ele assertivamente responde ao questionamento proposto por ele mesmo:

> Tivemos escolas públicas e, contudo, não vimos frutos assim tão grandes? Deve, pois, examinar-se as causas por que aconteceu assim até hoje: As escolas, tais como existem agora, recebem crianças já depravadas pela primeira educação, para as quais é duplo o trabalho (que para muitas será confuso, difícil e inútil), pois é preciso levá-las primeiro a desaprender o mal e, depois, a aprender o melhor (COMÉNIO, 1971, p. 116).

No seguimento do seu argumento, testifica:

> E as crianças não são inteiramente confiadas às escolas, mas apenas durante algumas horas: de onde acontece que, regressando todos os dias aos hábitos contraídos, continuam a ser corrompidas e a experimentar aversão pelo melhor [...]. Mas é inteiramente diverso aquilo que agora propomos, ou seja: que se previna a corrupção dos costumes e dos espíritos, começando cedo uma boa educação (COMÉNIO, 1971, p. 116).

O destaque está em que a educação da criança-aluno inicie-se desde cedo ou na mais tenra idade. O vocativo está em conscientizar a todos de que criança-aluno deveria ser educada desde a escola materna para que, ao chegar à sua época de ser destinada à instituição escolar, já tivesse concebido a importância da escola e dos seus partícipes: professores, livros, diretores e demais agentes escolares.

É com isso em foco que Comenius esmiúça aos pais, sobretudo nas obras *A escola da Infância* e na *Pampaedia* (capítulos VIII a X), como a criança-aluno de zero a seis anos deveria ser educada no seio familiar. Os pais e as amas não só eram responsáveis em prover educação, mas, principalmente, vistos como os primeiros educadores-professores. Discernidos como pais-professores, deveriam saber o que ensinar e como fazê-lo, conscientes de que as demais classes escolares dependeriam dessa primeira educação.

03

EDUCAÇÃO DA PRIMEIRA INFÂNCIA: PAIS-PROFESSORES E CRIANÇA-ALUNO DE ZERO A SEIS ANOS

Foi explicitado que a educação voltada à criança permeava todos os escritos de Comenius. Da *Didática magna* podem-se extrair as discussões do método universal e único de ensinar tudo a todos. Na *Pampaedia* (Capítulos VIII a X) e em *A escola da infância* foram encontrados os fundamentos educacionais norteadores das tratativas pedagógicas de Comenius que envolviam crianças de zero a seis anos, portanto, a educação da primeira infância. Observou-se que o objetivo da primeira educação consiste em conscientizar os pais-professores da necessidade de educar seus filhos nos princípios morais e na piedade, de modo a não descuidarem deles para que se desviem das coisas vãs e perniciosas (COMÉNIO, 1971, p. 208), além de oferecer-lhes conteúdos gerais, de modo a preparar sua entrada à segunda classe escolar.

Em função disso, essa classe escolar deveria ser considerada com seriedade pelos pais, que não podiam agir com violência, porém, com doçura e respeito à aptidão natural de cada filho (COMÉNIO, 1971, p. 209), "pois, se os primeiros passos não forem bem dados e se os fundamentos não forem devidamente estabelecidos, o restante trabalho será vão" (COMENIUS, 1971, p. 209).

Desde essa fase, dever-se-ia ensinar a condição igualitária do homem, visto que todos foram criados a partir do barro (Gênesis I, Capítulo 2). Todavia, não se descura a responsabilidade de a criança-aluno aprender por si mesma a julgar os atos dos seus semelhantes, a fim de aprender e valorizar apenas o que for correto. Para esse crivo, tem diante de si o conhecimento de Deus, dos anjos e os seus pais (COMÉNIO, 1971, p, 208).

Educação da primeira infância: pais-professores e criança-aluno de zero a seis anos **67**

Isso posto, há necessidade de conhecer as classes da primeira infância, para então verificar as relações pais-professores, criança-aluno e escola-família, como já foi anunciado em partes anteriores da pesquisa.

3.1 As classes da escola da infância

As classes escolares da primeira infância se constituíam em oito, se contadas a pré-natal e a do útero materno, cuja preocupação era a saúde da mãe, a fim de que gerasse filhos saudáveis, o que significava dizer saudáveis e aptos ao processo de escolarização. Nessa parte da *Pampaedia*, porém, ele enumera seis, visto que sua preocupação se volta especificamente à criança-aluno, portanto, no momento em que a criança já nasceu: a *classe puerperal*; a do *aleitamento*; do *balbucio* e dos *primeiros passos*; da *linguagem* e da *percepção sensível*; a dos *bons costumes* e da *piedade*; e a *primeira escola coletiva* ou *primeiras letras*.

Classe puerperal

Compreendia a faixa etária de um mês e meio (COMÉNIO, 1971, p. 210). Tratava-se de uma etapa em que a criança acabara de entrar no mundo e, em função da pouca idade, o necessário a fazer era consagrá-la ao serviço de Deus. "Os homens que estão destinados a serem templos de Deus, antes de se empenharem a viver a vida por si mesmo devem ser oferecidos a Deus para que não se dediquem ao que é profano, e portanto saibam o que precisam fazer" (COMENIUS, 1992, p. 196) para agradar a Deus. "Porém como? Por meio de orações, do batismo e de uma boa educação, logo, a partir da primeira e mais tenra infância" (COMENIUS, 1992, p. 196).

Classe do aleitamento ou da lactância

Correspondia à idade até um ano e meio (COMÉNIO, 1971, p. 210). Como o próprio nome assinala, nessa classe, a mãe deveria se preocupar com a amamentação da criança:

> [...] que a mãe amamente ao recém-nascido com seu próprio leite: 1) para obedecer ao mandamento divino que ordenou este alimento para o recém-nascido; 2) para que o filho seja acostumado ao

sangue materno e receba o alimento mais conveniente para a sua saúde; 3) porque nada mais é proveitoso para os bons costumes do filho que ser alimentado com o espírito e sangue materno e paterno (COMENIUS, 1992, p. 180).

As questões que envolviam a amamentação pela mãe, e no máximo, uma ama sã, honesta e piedosa já foram apontadas anteriormente, mas o objetivo consistia em conscientizar as mães sobre a importância da sua atuação nessa escola. Comenius ressaltava a amamentação porque, à semelhança da sua época, cria que, por meio do aleitamento, poderia se disseminar o bom, mas também o ruim: "Por isso, importa grandemente que as amas não sejam estúpidas ou insensatas, e muito menos, perversas" (COMÉNIO, 1971, p. 211), daí sua preocupação com esse tema.

Além do leite, o pedagogo checo compreendia que tudo de bom ou de mal era enraizado na mente do ser humano quando este ainda era criança (COMÉNIO, 1971, p. 211). Assim, assinalou com a mesma intensidade o imperativo de se alimentar com o leite espiritual, para que a formação interior da criança alcançasse as raízes espirituais: "A mãe, o pai, a babá, os cuidadores, os parentes e toda a Igreja devem orar para que ali onde não penetra a força da atividade humana, o Espírito de Deus, trabalhando interiormente, prepare o filho como vaso da graça" (COMENIUS, 1992, p. 197).

Devia-se ainda ter em mente que,

> [...] aos dois ou três anos e, sobretudo, aos quatro deve começar a dar às criaturas uma ideia de Deus, de si mesmos, da vida e da morte para que, segundo a medida de sua capacidade, comecem a saber porque estão neste mundo e o que devem fazer nele (COMÉNIO, 1971, p. 211).

Classe do balbucio e dos primeiros passos

Nesta classe devia-se ensinar às crianças as palavras, por meio das coisas, para que elas soubessem falar, com a finalidade de "que assim se cumpra o dito de Salomão: a sabedoria abre a boca dos mudos e faz eloquente as línguas das crianças" (COMENIUS, 1992, p. 198). Assim, os pais ou as amas deviam colocar diante dos olhos da criança o que se pretendia e, depois dessa ação, dizer os nomes do que foi visto: "O que acontecerá, se lhes não disser o nome de nenhuma coisa, sem primeiro lha haver mostrado" (COMÉNIO, 1971, p. 212).

Na apresentação das coisas, se fosse o corpo humano, devia-se começar pelas partes maiores do corpo ou se "iniciar sempre pelo mais fácil" (COMENIUS, 1997, p. 251), por exemplo, pois necessário era que nesse momento não se aprendessem os pormenores, mas a língua e sua pronúncia. Para isso, Comenius (1997, p. 211) defendeu na *Didática magna*, ao discutir *Princípios de um ensino rápido e conciso*, a necessidade de "levantar problemas", e na *Pampaedia* encontram-se registradas as palavras: "Mostrando uma coisa perguntem: que é isto? E vice-versa [...] onde está a cabeça? Onde está o cão? Onde está a mesa?" (COMENIUS, 1992, p. 198).

Deveria haver, sempre, um paralelismo entre o visto e a pergunta, pois as coisas vistas são aprendidas mais facilmente do que as que apenas foram ditas. Um dos aspectos importantes nessa classe era a questão da ação da criança em se movimentar. O bispo da Morávia ensinava que nessa fase a criança deveria ser estimulada a se movimentar com exercícios variados.

A corrida era uma boa medida, porque nela as crianças tinham a oportunidade de colocar em movimento todos os seus membros. Elas deveriam ser levadas aos campos, aos celeiros para que pudessem manipular a terra, tocar nos animais, e tudo isso sob a ordem do brincar. Que elas aprendessem fazendo. Que a elas fossem apresentadas todas as coisas, com a finalidade de que estabelecessem um pré-conhecimento das coisas que mais tarde aprenderiam, conforme a capacidade e inclinação de cada uma (COMÉNIO, 1971, p. 214).

Bom exemplo disso, dignos de imitação, eram "os antigos laucedemônios, que acostumavam os filhos aos mais duros exercícios, para que fossem: 1) de saúde mais robusta; 2) mais capazes de suportar os trabalhos; 3) mais preparados para as vicissitudes" (COMENIUS, 1992, p. 199). "Os filhos não devem ser educados com delicadeza, mas sim, seguir o exemplo dos espartanos" (COMENIUS, 1992, p. 199).

Para alcançar esse objetivo deviam-se seguir os preceitos, os quais deveriam ser breves, isto é, no momento oportuno e de modo adequado; fáceis de serem guardados na memória, em pouco tempo; ensinados com clareza e eficácia. Desse modo, as crianças deviam ouvir com atenção; entender com facilidade; recordar solidamente; e, após o entendimento, não esquecer o ensino. Ao mesmo tempo, além de mostrar-lhes por meio de imagens ou figuras, era mister que elas aprendessem por meio da realização prática, a qual foi denominada de *autopraxia* (autoatividade), que na compreensão de Comenius era o "grande segredo ou a chave de toda atividade" (COMENIUS, 1992, p. 200).

Entretanto, na concepção de Comenius (1992, p. 200), o lúdico e a autoatividade deveriam cumprir a finalidade de educar, assim eles seriam prelúdios para sérios trabalhos, a fim de que não houvesse perda de tempo ou talento; para tanto, era necessário empreender atividades com objetivo preciso e que se colocassem em prática os meios úteis aos fins que se desejavam alcançar (COMENIUS, 1997, p. 225).

Essas palavras justificavam a razão de ele ter escrito pelo menos duas outras obras (*Schola ludus* e *Orbis pictus*) em que demonstrou a preocupação com as imagens e o aspecto lúdico a serem utilizados na educação das crianças. Daí sua concepção em afirmar que as mães deveriam prover os cuidados fundamentais necessários à vida, e as amas igualmente deveriam ter a mesma atitude e estruturar a criança por meio do lúdico, isto é, com música e todas as formas para que os meninos e meninas se mantivessem alegres e felizes em todo o tempo (COMENIUS, 1992, p. 199).

Classe das sensações

"As crianças desta idade são novas no mundo, não têm ainda dentro do seu entendimento nenhum conceito (nem bom, nem mau), devendo, portanto adquiri-lo pelas portas dos sentidos" (COMENIUS, 1992, p. 201). "Ora, nada está na inteligência que primeiro não tenha estado nos sentidos. Portanto, na formação dos espíritos, antes de tudo o mais, deve estar o cuidado e a defesa dos sentidos".

As crianças dessa classe deveriam ser habituadas a utilizar todos os meios, no caso específico, os sentidos, para as coisas boas e verdadeiras, e não para o que era vão, falso e ímpio. Para o pedagogo checo, se as crianças aprendessem bons princípios, estes lhes seguiriam por toda a vida. Vinculado à discussão dos sentidos, um preceito relevante a esta fase da vida, já que era difícil falar com as crianças: tornava-se imperativo trabalhar com ensinos "concretos", ou seja, não falar abstratamente às crianças, porque elas não conseguiriam abstrair os conceitos das coisas nem formar suas ideias na mente apenas por meio da voz. "Porém, é mais fácil mostrar-lhes as coisas e depois chamá-las por seu nome [...], que lhes fale da natureza, imprimindo-

-se e manifestando-se aos olhos, aos ouvidos, ao nariz, ao paladar e às suas mãos" (COMÉNIO, 1971, p. 215).

A importância e o estímulo ao uso adequado dos sentidos podiam ser percebidos na ordem de Deus quanto às diversas cerimônias da Igreja desde os tempos da Igreja Primitiva (COMENIUS, 1992, p. 202), tais como a água do batismo, o pão e o vinho na eucaristia. Todos esses elementos sacramentais serviam como estímulos que conduziriam à reflexão dos seus partícipes. Infere-se daí que o uso e a boa formação dos sentidos eram o perfeito e o único legítimo meio para que as crianças não fossem escravas de opiniões de outrem; ao invés disso, desde a meninice elas mesmas deveriam buscar a verdadeira sabedoria, dispostas a não aceitar nada falso, vão e irracional, admitindo tão somente o substancioso alimento da verdade e da sabedoria (COMÉNIO, 1971, p. 216).

Por fim, para que os sentidos fossem corretamente formados era necessário: impedir que elas não se distraíssem, haja vista que o primeiro indício de uma mente bem formada estava na capacidade de se concentrar; dirigi-las unicamente a fazer as coisas boas – "Com efeito, a idade pueril é mole como a cera, mas passa depressa" (COMÉNIO, 1971, p. 216); e habituá-las às coisas reais, para preveni-las dos erros.

Classe dos bons costumes e da piedade

Ainda que não soubesse falar, seria a hora de formar os bons costumes, pois era nessa idade que as crianças começavam a desejar, a recusar e a temer qualquer coisa. Estavam equivocados aqueles que descuidam do ensino às crianças com a alegação de que, nessa fase, as crianças eram barulhentas e nada entendiam. Para fundamentar seu argumento, Comenius fez referência ao texto do apóstolo Paulo, no livro de Efésios, capítulo 6, versículo 4, em que ele afirma: "Não provoqueis os filhos à ira." Em sua hermenêutica, ele ensinou que o apóstolo assim se referia para que as crianças não fossem habituadas à ira (COMÉNIO, 1971, p. 217). Além disso, reafirmava sua convicção de que, no homem, as raízes de todas as coisas e de todas as ações eram lançadas na primeira infância.

Eram três os processos de ensinar os bons costumes às crianças: o exemplo, o ensino e a disciplina. Devia-se atentar para que não fosse exigido algo delas que a própria pessoa não praticasse. Portanto, era necessário dar-lhes bons exemplos e afastá-las dos maus. Deve ser lembrado aqui que os escândalos eram criticados e os bons exemplos deviam ser ressaltados às crianças desde a meninice. Teria de cuidar ao máximo para que ela não enxergasse, ouvisse ou percebesse coisas que resultassem em mau exemplo.

Havia uma tônica em que as crianças fossem protegidas, quase blindadas, dos ensinos promíscuos, percebidos pelos maus exemplos. Para tanto, não se poderia deixá-las expostas às ocasiões impróprias ou até mesmo sozinhas. Em junção a isso, o ensino seria claro e com palavras conhecidas, convertido em parábolas para que fosse mais fácil de ser fixado. Ao mesmo tempo, as crianças deveriam ter diante dos seus olhos o fim do homem: dominar prudentemente as criaturas; reger-se sabiamente a si mesmo e, por ser "imagem e semelhança de Deus", deveriam ser paraíso de delícias ao Criador (COMENIUS, 1992, p. 204).

A disciplina era importante para essa fase. Não disciplina de açoite, mas a que consistia em um cuidado contínuo para que eles fizessem o que era preciso fazer, numa direção do bem, de modo a não permitir a petulância intencional e, se isso ocorresse, deveriam ser advertidas. Na condução da criança à piedade seria necessário observar: (1) "todas as casas, onde há crianças, deve ser uma pequena igreja, na qual, pela manhã e pela noite, se façam orações em comum, se deem graças, se cantem hinos, se leia a palavra de Deus, e se tenham conversas piedosas" (COMENIUS, 1992, p. 205); (2) "comecem também a ser conduzidos pelos pais à Igreja [...] para que aprendam a sentar-se tranquilos, a mover-se em silêncio, a ouvir as Sagradas Escrituras e a aceitar a vontade de Deus, desde a mais tenra idade" (COMENIUS, 1992, p. 205).

O ensino com foco na piedade serviria para falar de Deus em todas as ocasiões, fosse em um funeral, ou ao vir um malfeitor condenado ao suplício. "Deve-se contar-lhes as história dos juízos de Deus e como ele tem castigado sempre e sempre castigará aos ímpios" (COMENIUS, 1992, p. 205) e era necessário ensinar-lhes orações curtas, as quais deveriam seguir o modelo do *Pai Nosso* (COMENIUS, 1992, p. 207) e ser elaboradas com palavras adaptadas à sua mentalidade (COMENIUS, 1992, p. 207): "Durante a oração, ensinar-lhes a cruzar as mãos, levantar os olhos ao céu, sentar e levantar-se decorosamente" (COMENIUS, 1992, p. 206).

Comenius (1992, p. 207) estava convicto de que a piedade era proveniente da oração, tanto é que se preocupou em registrar o conteúdo das orações a serem feitas nos horários da manhã, antes de depois das refeições, ao ir à cama, em qualquer momento. Por fim, registrava o autor da *Pampaedia* a necessidade de inculcar nas crianças, desde o princípio, os fundamentos da religião cristã, a fé, a esperança e o amor.

A disciplina também era importante na tratativa da piedade, todavia não deveria ser rígida; só administrada de modo que os filhos percebessem que estavam sendo observados e que, se fizessem o que não deveriam, poderiam ser corrigidos. Entretanto, quando se comportassem bem, seriam louvados (COMENIUS, 1992, p. 207). Comenius (1997, p. 311) compreendia a relevância da disciplina escolar e acentuava que ela seria exercida contra quem havia errado, mas não porque errou, e sim para que não errasse mais:

> Portanto, deve ser exercida sem paixões, sem ira, sem ódio, mas com simplicidade e sinceridade, de tal modo que mesmo àquele a quem for aplicada perceba que é para seu bem e que é ditada pelo afeto paterno de quem tem a responsabilidade de guiá-lo; assim poderá recebê-la com o mesmo espírito com que se torna um remédio amargo receitado pelo médico [...] Se, por vezes, for necessário instigar e estimular há meios mais eficazes que o açoite. Por exemplo, uma palavra áspera ou uma repreensão feita em público, ou mesmo um elogio feito a outro: "Veja como fulano e beltrano são sabidos! Como entendem tudo! E tu, por que és preguiçoso?".

Com esta mesma perspectiva, Comenius (1997, p. 314) afirmou: "[...] a disciplina deve tender a estimular e a reforçar com a constância e a prática, em todos e em tudo, o respeito a Deus, a dedicação ao próximo e o entusiasmo pelos trabalhos e os deveres da vida". No estudo do pensamento de Comenius quanto à disciplina, observa-se que seu foco estava na prevenção e não necessariamente na execução, conforme pode ser visto em suas palavras: "É preciso estar atento para nunca recorrer a remédios extremos em coisas de pouca monta, como frequentemente acontece, para que os remédios extremos não cheguem antes dos males extremos" (COMENIUS, 1997, p. 315).

A última fase da escola da primeira infância e que se aproxima do pré-primário da atualidade compreendia a faixa etária a partir dos quatro anos.

Primeira classe coletiva ou das primeiras letras

Na idade entre os quatro e os seis anos, as crianças se habituavam a conviver, a jogar, a cantar e a cultivar os bons costumes e a piedade e a exercitar os sentidos e a memória, e nessa fase havia necessidade de se criarem jogos com as vogais, com as consoantes até a formação de sílabas e palavras (COMENIUS, 1992, p. 207-211). Nessa fase seria possível ensinar princípios para que as crianças aprendessem mais rapidamente o latim. Após essa perspectiva, pontuou: "[...] antes de terminar o tratado desta escola da infância, é bom que nós, os adultos, deduzamos algumas advertências saudáveis que contribuam indiscutivelmente para evitar a ruína dos homens, das famílias e dos reinos" (COMENIUS, 1992, p. 211).

Tais advertências se fundamentavam em: o descuido da educação era a ruína dos homens, das famílias, dos reinos e do mundo; a corrupção doméstica dificultava o trabalho nas escolas, nas Igrejas e nos assuntos políticos; aqueles nos quais estaria posta a esperança das pessoas deveriam ser educados com muito cuidado; o fundamento de uma boa educação consistia em que soubessem distinguir um homem bom de um mau; e, no fim, desta vida, soubessem distinguir o caminho que conduzia à bem-aventurança do que levaria à condenação (COMENIUS, 1992, p. 212).

Demonstrado que no pensamento comeniano o seio familiar se configurava em uma escola, pode-se conceber a aplicação da expressão *classes da escola da infância*. O pedagogo checo explicitou que aos pais cabia não só a responsabilidade de prover educação às crianças de zero a seis anos, mas também de educá-las, de modo que a família se tornaria em parte integrante e necessária à instituição escolar, a fim de que não houvesse tensão entre a instituição de ensino e a família, pois ambas faziam parte da mesma instituição: Escola.

3.2 Pais-professores: uma abordagem da escola da infância

Nessa nova configuração, os pais foram considerados professores, a família passou a ser vista como escola-família e os filhos percebidos como crianças-alunos.

Alguém poderia objetar sobre a validez dessa tese ao considerar trechos em que Comenius parece desqualificar os pais como educadores. Na *Didática magna* podem ser lidas as palavras: "[...] raros são os pais que sabem ou podem educar os filhos e que têm tempo suficiente para isso" (COMENIUS, 1997, p. 83). No mesmo texto ele registrou: "Os pais raramente estão em condições de educar os filhos com proveito ou raramente têm tempo para isso" (COMENIUS, 1997, p. 85). Em *A escola da infância* podem ser encontradas as palavras: "Porém, frequentemente, os pais estão pouco preparados para a educação de seus filhos, ou não têm tempo, porque estão muito ocupados com seus afazeres, ou até mesmo não dão à educação a devida importância" (COMENIUS, 2011, p. 12).

Uma exegese mais apropriada pode dirimir e responder à questão em destaque. Os estudos de Philippe Ariès apontaram as mudanças significativas na forma de tratar a criança e a instituição escolar, porém tratava-se de uma discussão ainda incipiente. Prova disso é que o próprio Comenius fez severas críticas às escolas dos seus dias. Era um período de avanços, porém havia muito que melhorar. Inúmeros pais não sabiam o que esperar dos filhos com relação às questões educacionais, tampouco tinham consciência de como deveria ser o processo de aprender e ensinar das suas crianças.

Com essa mesma perspectiva podem-se compreender as afirmações de Comenius a respeito das qualificações dos pais. Ao considerar seu modo utópico de pensar, ressalta-se que seu objetivo em tecer as considerações acima não se reveste de pessimismo, e sim de uma proposta incentivadora fundamentada em uma nova maneira de conceber a relação dos pais com seus filhos no processo de ensinar e aprender. Isso pode ser verificado no texto da *Didática magna* em que o pedagogo checo, ao assinalar a quem sua obra era endereçada, inseriu os pais em primeiro lugar: "A quem interessa que a didática seja bem fundamentada? 1. AOS PAIS: até hoje a maioria deles não sabia com certeza o que esperar para os filhos" (COMENIUS, 1997, p. 37).

Infere-se daí que, ao fazer um diagnóstico da qualificação e do entendimento dos pais com relação ao processo de ensinar e aprender dos filhos, ao invés de ficar na crítica, propõe-se a prover literatura que colaborasse com a educação, a partir do seio familiar, conforme suas próprias palavras: "[...] a primeira infância depende inteiramente do discernimento dos pais [...] [é necessário] escrever um pequeno livro de conselhos para os pais e as amas, a fim de torná-los conscientes de suas tarefas" (COMENIUS, 1997, p. 331).

Das palavras acima, ressaltam-se dois princípios fundamentais: (a) que a primeira infância ou crianças-alunos de zero a seis anos dependiam dos pais;

(b) que os pais necessitavam de qualificação ao exercício de sua nova função de pais-professores, daí o livro que Comenius se propõe a escrever – *A escola da infância* – com a finalidade de ensiná-los essa tarefa.

Vale lembrar que a *Didática magna* foi escrita antes de *A escola da infância* (1651), porém foi publicada depois dela, em 1657, de modo que sua obra destinada aos pais-professores no ensino dos filhos-alunos de zero a seis anos, isto é, *A escola da infância*, já circulava em muitas regiões da Europa antes da *Didática magna*. Naturalmente, o leitor de Comenius associava suas obras a manuais ou obras didáticas direcionadas aos pais, em um primeiro momento e, posteriormente, aos professores das demais classes escolares.

Na *Pampaedia*, quando se indaga "A quem cabe a educação das crianças?", Comenius (1992, p. 186) explicita que o cuidado com a educação dos filhos de zero a seis anos prioritariamente competia aos pais, os quais cometiam erros como: desinteresse pela prole; viviam preocupados com o seu próprio ventre; esmeravam-se na busca de riquezas e descuidavam das crianças, e, além disso, confiavam a educação dos seus filhos exclusivamente a certos professores, que recebiam grandes fortunas, desde que fizessem com que seus filhos aparentassem ser seres humanos (COMENIUS, 1992, p. 188-189).

Ressalta-se que em sua censura estava a centralidade de os pais outorgarem a outrem a educação dos seus filhos, enquanto eles próprios deveriam cumprir essa função. Os pais que assim procedessem seriam reprováveis na concepção comeniana porque, como afirmou o reformador Martinho Lutero (1995, p. 310), eles:

> Deixaram a juventude crescer como as árvores no mato, sem se preocuparem como ensinar e educá-la; por essa razão se desenvolveram de modo tão deformado que não servem para nenhuma construção, havendo somente uma capoeira imprestável, útil somente para o fogão.

Eis mais uma advertência que merece destaque: "Aos pais que desejam passar os primeiros anos sem instruir a seus próprios filhos em coisas úteis, saibam que estão perdendo uma ocasião que não voltará [...] nunca o fruto será o mesmo" (COMENIUS, 1971, p. 191). Na época de Comenius, conforme já mencionado anteriormente, alguns pais correntemente questionavam a capacidade dos seus filhos no processo de ensinar e aprender, de modo que seria gastar tempo com isso e um trabalho em vão. Todavia, na mesma *Pampaedia* podia ser lido que os filhos potencialmente já possuíam as habilidades para as diversas formas do conhecimento, que era inato ao ser humano, entretanto, este deveria ser apenas recordado: "[...] com base na opinião emitida por Platão do eterno retorno do mundo, no qual disse que 'aprender é recordar'" (COMENIUS, 1992, p. 191-192).

Deduz-se dessas afirmações que os pais não só eram responsáveis em prover educação aos filhos; eles eram considerados os professores dos seus filhos-alunos, e o seio familiar não estava em tensão com a escola, pelo contrário, era uma das classes da instituição escolar.

A fim de elucidar ainda mais a percepção de Comenius em tratar os pais como professores, pode-se perceber em diversas passagens de *A escola da infância* essa concepção. No capítulo 1, ao tratar do título *Os filhos, preciosa dádiva divina e incomparável tesouro, reclamam nossa maior atenção*, antes de encerrar o capítulo, explicitou que os pais eram os professores da escola da infância: "Uma vez que Deus quer que sejamos os preceptores da infância, cabe a nós proceder com o devido cuidado" (COMENIUS, 2011, p. 6).

No capítulo 2, sob o título *Com que finalidade nos dá filhos e com que objetivo devemos conduzir a sua educação*, após observar que a educação deveria ser administrada pelos pais, ele afirmou: "[...] nos esforcemos diligentemente para a devida educação dos filhos com o objetivo de conduzi-los à eternidade" (COMENIUS, 2011, p. 7). No mesmo contexto, ele declarou: "Os pais não cumprem completamente sua obrigação se apenas ensinarem sua prole a comer, beber, andar, falar e vestir sua roupa [...]" (COMENIUS, 2011, p. 7-8).

Destaca-se o termo *ensinar* como vinculação entre pais e a educação dos seus filhos. Para não deixar dúvidas de que ele se referia à primeira classe escolar, em que os pais eram os professores, podem ser lidas as suas palavras: "A casa em que os jovens são educados com base nessas três orientações é como um paraíso" (COMENIUS, 2011, p. 9). Casa é uma referência direta aos pais e, no máximo, como já foi dito, às amas: "[...] os pais devem sempre se esforçar para que seus filhos sejam exercitados com qualidade [...]" (COMENIUS, 2011, p. 9).

No capítulo 3, *É imprescindível que a juventude tenha uma correta educação*, ele foi mais explícito: "Ninguém pense que a juventude possa ser formada voluntariamente e sem esforços [...] Por isso Deus deu essa tarefa aos pais, para que diligentemente cuidem das crianças" (COMENIUS, 2011, p. 11).

Realça-se que a tarefa de educar os filhos era dos pais, daí a proposição: "Deus deu essa tarefa aos pais." Em um processo educacional mais amplo, ou a partir da segunda classe escolar, afirmou ele: "[...] os pais repartem a educação de seus filhos com os professores da escola e os ministros da Igreja" (COMENIUS, 2011, p. 15, 16).

O pedagogo checo é assertivo em dizer: "Mas eles devem saber por si mesmos como proceder com seus tesouros, de modo que por suas próprias mãos cresçam na sabedoria e na graça de Deus e dos homens" (COMENIUS, 2011, p. 16). Além disso, eis sua relevante declaração a respeito de os pais serem os professores da escola da infância: "[...] dizemos que os pais devem lançar os alicerces dessas três coisas desde os primeiros anos de vida" (COMENIUS, 2011, 16). Os pais-professores seriam os responsáveis em incutir no coração da criança-aluno: o ensino, a moral e a piedade.

Ao tratar de *Como levar a juventude a ter saúde e vigor*, Comenius, de forma análoga, coloca os pais como professores: "[...] cabe aos pais eximi-los desse dever, esforçando-se em sustentar e formar para a glória de Deus aqueles que foram procriados [...]" (COMENIUS, 2011, p. 23). Destaque para o termo *formar*, que tem a ver com um contexto próximo com a questão da saúde; porém, há uma associação por parte de Comenius com a educação: "Antes de tudo, como não é possível educá-los a não ser que estejam vivos e fortes [...]" (COMENIUS, 2011, p. 23). "Formar", por conseguinte, tem estreita ligação com a educação e colabora com a discussão feita nesta pesquisa, em que Comenius classifica os pais como professores da primeira classe escolar, ou seja, a escola da infância.

No capítulo 6, *Como educar as crianças para o conhecimento das coisas*, ele inicia o capítulo com uma citação do texto bíblico de Provérbios, capítulo 4, versículos 4 e 5, e nessa citação fez questão de explicitar que os pais são os professores dos seus filhos, conforme ele mesmo destaca: "Quando eu era pequeno, único filho de minha mãe, dizia Salomão, o mais sábio dos mortais, meu pai me ensinou [...]" (COMENIUS, 2011, p. 35). Nota-se a proposição: "meu pai me ensinou [...]".

Na continuação do capítulo podem ser lidas as palavras sobre os pais sensatos que se esforçam pela educação dos seus filhos: "Sabem vocês, pais, quando deveriam começar a cultivar a sabedoria de seus filhos? Salomão diz que seu pai o instruiu desde os primeiros momentos de sua infância" (COMENIUS, 2011, p. 35). Sublinha-se que, para o autor, não havia o que discutir: os pais eram os professores da escola da infância – "[...] que os pais previdentes se esforcem em cuidar disso, como sempre repito, de acordo com a idade da criança" (COMENIUS, 2011, p. 62).

No estudo da *Pampaedia*, em que uma das suas funções é complementar *A escola da infância*, Comenius afirmou: "[...] infere-se das Sagradas Escrituras que também a piedade pode ser ensinada (isto é, que ela não é infundida imediatamente ou miraculosamente por Deus, mas se adquire pela via ordinária da educação)" (COMÉNIO, 1971, p. 88). Ele ressaltou a educação e igualmente enfatizou que os pais foram conclamados a educar seus filhos, sendo seus próprios professores: "De outro modo, Deus não teria louvado Abraão por ter educado a sua casa na piedade [...] nem teria ordenado tão frequentemente aos pais que educassem os seus filhos [...]" (COMÉNIO, 1971, p. 88).

Que essa era sua tônica está claro em seu texto quando tratou das classes escolares. Das duas primeiras escolas, ou seja, a *Escola da formação pré-natal* e a *Escola da infância*, ele diz: "As duas primeiras poderão chamar-se escolas privadas, incumbindo a sua responsabilidade, privativamente, apenas aos pais" (COMÉNIO, 1971, p. 110, 111). Infere-se das suas palavras que ele tratava o ambiente familiar como escolas, cujos professores, de modo privativo, eram os pais, e os alunos se constituíam em seus próprios filhos.

O termo *casa* é significativo na *Pampaedia* e em *A escola da infância*. Em *A escola da infância*, já foi feita referência e sua vinculação com a educação dos filhos-alunos e os pais-professores. Na *Pampaedia*, ao se referir ao termo citado, Comenius o associa ao lugar em que as reformas em busca da cura da degeneração humana se iniciam: "Tentamos [...] reformar-nos uns aos outros por meio de casas [...]. É nos começos das coisas que erramos [...] É necessário, portanto, ter um cuidado vigilante com a infância" (COMENIUS, 1971, p. 197-198). Sobre os ombros de quem recairia esta incumbência: "Estabelecido e claramente demonstrado que o homem tem necessidade de uma vigilante educação desde a primeira infância [...] que o primeiro cuidado dos filhos incumbe aos pais" (COMÉNIO, 1971, p. 200).

O pedagogo checo adverte os pais que não exerciam a função de professores dos filhos-alunos da seguinte maneira: "Assim pecam aqueles que, não por malícia, mas por ingenuidade, confiam a amas e, depois, a preceptores contratados todo o cuidado dos filhos" (COMÉNIO, 1971, p. 201).

Da *Didática magna* podem ser extraídas ideias semelhantes que corroboram a tese de que Comenius classificou os pais como professores e os filhos como alunos:

> Demonstrado que a pequena planta do Paraíso, a juventude cristã, não pode crescer desregradamente [...] resta ver quem deve assumir essa responsabilidade. Ela cabe, naturalmente, aos pais, que, tendo sido autores da vida, devem ser autores também da vida intelectual, moral e religiosa (COMENIUS, 1997, p. 83).

Nota-se que aos pais cabe à responsabilidade de ensinar não só questões morais e religiosas, mas também as intelectuais. Eles foram considerados ministros de Deus no ensino aos filhos (COMENIUS, 1997, p. 271). Um pouco mais adiante ele testemunhou: "Isto porque as crianças de seis anos, bem preparadas pelos pais e pelas amas, são semelhantes às arvorezinhas plantadas com perícia que têm raízes bem desenvolvidas [...]" (COMENIUS, 1997, p. 323). Observa-se ainda que os filhos-alunos estavam diretamente ligados aos pais-professores, conforme os termos de Comenius: "[...] a formação das crianças durante a primeira infância depende inteiramente do discernimento dos pais" (COMENIUS, 1997, p. 331).

Dessas palavras presume-se que aos pais era necessário discernimento, e era justamente isso que propunha Comenius ao oferecer, por meio das suas obras didáticas, condições para que eles ensinassem seus filhos de modo mais apropriado: "[...] a fim de torná-los conscientes de suas tarefas" (COMENIUS, 1997, p. 331). "Portanto, nada demandará mais cuidado por parte dos pais (se os filhos estiverem em seu coração), do que formá-los em todas as coisas boas [...]" (COMENIUS, 2011, p. 72).

Da observação "se os filhos estiverem em seu coração" realça-se que os pais-professores deveriam considerar atentamente suas atitudes na educação dos filhos-alunos, pois eles foram formados do seu sangue, da sua própria carne, do seu próprio espírito e, se enquanto estavam sendo gestados, eram objeto do cuidado dos pais, seguia-se também que ao nascerem seriam dignos do mesmo acompanhamento e zelo. "Os filhos são uma possessão preciosa, preferíveis ao ouro e às pedras preciosas e a qualquer classe de tesouro [...]" (COMENIUS, 1992, p. 187), e por isso, os pais-professores deveriam estar cientes de que "não podemos deixar aos filhos herança melhor nem tesouro mais precioso que a sabedoria, a virtude, a comunhão com Deus, a dignidade celestial e, depois desta vida, a herança do reino eterno" (COMENIUS, 1992, p. 187).

A ênfase no valor da criança como alvo da adequada educação foi percebida em *A escola da infância*, escrita para atender crianças de zero a seis anos

(COMENIUS, 2011, p. 15), que mais tarde serviria a Comenius como um roteiro para a escrita da sua *Pampaedia*. É prudente esse registro para que se saiba que Comenius aperfeiçoou na *Pampaedia* alguns dos seus pensamentos iniciados em *A escola da infância* e que, em alguns aspectos, parecem ser cópias entre si. Trata-se de uma "pequena obra, mas, comenianamente, podemos considerá-la a criança do que viria a se tornar sua grande contribuição para a teoria e prática da educação" (KULESZA, 2011, p. XVII).

Nos primeiros capítulos de *A escola da infância*, Comenius buscava conscientizar os pais quanto à importância da educação dos seus filhos: "As crianças são um inestimável tesouro para Deus e que o mesmo deveria suceder com seus pais" (COMENIUS, 2011, p. 3). Em razão disso, os filhos devem ser alvo da adequada educação.

Kulesza (2011, p. XXVIII) sublinhou que a maioria dos críticos contemporâneos de Comenius classifica-o como bíblico. Essa crítica não é nova, pois desde que ele apresentou sua primeira versão da *Didática magna* ao seu amigo Hübner, este solicitou-lhe que extraísse tudo o que era religioso de sua obra (COMENIUS, 1997, p. 5-7, 9). Piobetta (1952), na tentativa de retirar o religioso do pensamento comeniano, fez uma tradução da *Didática* que em muito difere do real pensamento de Comenius.

Torna-se complexo tentar extrair o religioso do pensamento pedagógico de Comenius. Ele assinalava a relevância de se compreender o ser humano em sua integralidade, e para ele o religioso fazia parte da essência humana (CAPKOVÁ, 1993, p. 125). Lopes (2003; 2006) destacou a impossibilidade da distinção entre a religião e a pedagogia no pensamento comeniano e, mais, segundo ele, tal tentativa poderia resultar na incompreensão do conceito de educação proposto pelo Pai da pedagogia moderna (LOPES, 2006).

Por ter uma consciência religiosa, Comenius ensinou a importância das crianças, a partir de passagens bíblicas do Antigo e Novo Testamentos, nas quais se demonstra o valor que o Criador dá a elas, visto serem elas sementes de Deus, por meio das quais se manifestava a geração divina. Prova da valorização da criança diz respeito ao fato de que o Filho de Deus se encarnou como homem, nasceu e viveu como qualquer criança. Outro reconhecimento da importância da criança foi dado pelo próprio Cristo, ao tomar em seus braços as crianças:

> A encarnação de Deus em seu Filho, pela via de uma pequena criança, é reveladora de uma concepção de infância feliz e praze-

rosa. Tomando as crianças em seus braços como irmãozinhos e irmãzinhas, ele acolhe os pequeninos, afaga e beija, abençoando-os [...]. Além disso, Deus adverte severamente quem pensar em lhes fazer o menor mal, ordenando que se respeitem as crianças como a si mesmo (COMENIUS, 2011, p. 2).

A passagem bíblica citada por Comenius, de fato, foi retratada como uma das principais fontes às mudanças significativas do sentimento da criança, a partir do século XV, como pontua Ariès. Com base nisso, concebe-se que, provavelmente, além do conhecimento bíblico-teológico de Comenius, há aqui também uma influência de sua época que começava a valorizar a criança (ARIÈS, 2006, p. 94).

A partir dessa constatação foi que Ariès (2006, p. 94) afirmou: "A literatura moral e pedagógica do século XVII muitas vezes cita também trechos do Evangelho em que Jesus faz alusão às crianças." Foi assim que ele registrou um trecho de Grenaille: "Já que o Senhor chama a si os pequenos inocentes, considero que nenhum de seus súditos tem o direito de rejeitá-lo" (ARIÈS, 2006, p. 94).

Segundo Comenius (2011, p. 3), "as crianças são os bens mais puros e queridos possuídos por Cristo, que veio a todos salvar". Após essas assertivas, tem-se a destacar que ele fez uma crítica aos que dão pouca importância às crianças, uma vez que essas pessoas enxergam-nas apenas "como o são no presente e não como elas poderiam e deveriam ser segundo seus desígnios" (COMENIUS, 2011, p. 2). Para ele,

> É preciso vê-las não apenas como futuros habitantes do mundo, mas como as possuidoras da Terra e representantes de Deus entre todas as criaturas e também companheiras em Cristo conosco, sacerdotes reais, gente escolhida amiga dos anjos, juízes dos demônios, deleite dos céus, terror do inferno, herdeiras da eternidade. Que coisas ainda mais admiráveis se poderiam cogitar! (COMENIUS, 2011, p. 2).

A fim de elucidar ainda mais a importância da criança e que elas deveriam ser contempladas não só com foco no presente, mas no que poderiam vir a ser no futuro, Comenius fez referência a Felipe Melanchton, que ao visitar uma escola popular de seus dias se referiu aos estudantes com as seguintes palavras: "*Salve, respeitáveis padres, doutores, licenciados, bispos! Salve nobilíssi-*

mos, prudentíssimos, celebérrimos, sapientíssimos senhores cônsules, ministros, juízes, governadores, chanceleres, professores etc." (COMENIUS, 2011, p. 2). Após suas palavras, ele percebeu que muitos deles sorriam, então disse:

> Não estou brincando, estou falando muito sério. Eu não olho para essas crianças tais como elas são agora, mas sim para a finalidade com que a nós foi confiada a sua instrução, e certamente dessa classe irão aparecer futuros líderes do mesmo modo que o trigo se destaca do joio (COMENIUS, 2011, p. 3).

Tais palavras permitiram a Comenius, ao fazer referência ao texto bíblico de Marcos 10, versículo 14 – "Jesus, porém, vendo isto, indignou-se e disse-lhes: Deixai vir a mim os pequeninos, não os embaraceis, porque dos tais é o reino de Deus" –, afirmar: "Porque não haveríamos de ter a mesma confiança no futuro glorioso dos filhos dos cristãos? Afinal, Cristo, divulgador de seus eternos segredos afirmou que *delas é o reino de Deus*" (COMENIUS, 2011, p. 3).

Atente-se para o princípio de que as crianças não eram valorosas apenas no sentido de vir a ser, mas também na concepção comeniana constituíam valor inestimável no presente:

> Mesmo olhando para as crianças da atualidade, facilmente percebemos por que elas têm um valor inestimável para Deus [...] porque as crianças são imagens não contaminadas de Deus, são inocentes. Exceto pelo pecado original, não estão maculadas por nada, são incapazes de distinguir entre o bem e o mal, entre a direita e a esquerda, como corroboram os testemunhos de Jonas e outros (COMENIUS, 2011, p. 3).

Os filhos eram mais importantes do que o ouro, a prata, que pérola e joias. Todas essas coisas são inanimadas, enquanto as crianças são imagens vivas de Deus vivo (COMENIUS, 2011, p. 4). O ouro e a prata são coisas mutáveis e efêmeras, crianças são heranças imortais. "Ainda que elas possam morrer, não retornam ao nada e nem desaparecem, elas passam da morada mortal para o reino imortal" (COMENIUS, 2011, p. 4). "O ouro e a prata passam de mão em mão, como se não pertencessem a ninguém e de todos fossem, já as crianças, por vontade divina, estão tão entrelaçadas aos bens da família [...]" (COMENIUS, 2011, p. 5). Na questão dos bens que as crianças traziam à família, afirma Comenius: "[...] a vida do homem não é assegurada por seus bens [...]. Já as crianças e suas famílias são sempre acompanhadas de bênçãos para sua proteção" (COMENIUS, 2011, p. 5).

Portanto, as crianças são consideradas no pensamento comeniano seres valorosos e maravilhosos. Mais importantes do que prata, ouro e joias. Sendo assim, os pais e os educadores deveriam ter o devido cuidado com sua educação desde a mais tenra idade. Deduz-se dos ensinos de Comenius que sua tônica recaía no entendimento de que a criança não deveria ser percebida como adulto em potencial, como questionou Rousseau anos depois, e sim como um sujeito dotado de particularidades que deveria ser respeitado, tendo em conta seu desenvolvimento físico e mental (SEVERINO, 2011, p. X). Por esta razão, Piaget (2010, p. 12) o denominou de precursor do evolucionismo, da psicologia genética e da didática fundamentada no conhecimento da criança.

Outro argumento em prol de que os pais são considerados professores dos filhos-alunos diz respeito ao vários exemplos bíblicos, citados por Comenius, que demonstravam equívocos por parte de alguns pais que não deram atenção à educação dos seus filhos-alunos desde a mais tenra idade e sofreram as consequências dessa atitude. Um deles se refere ao sacerdote de Israel, Eli, o qual mesmo sendo um homem piedoso, descuidou de assim fazê-lo, e quando chegaram à idade adulta, quis repreendê-los, porém foi em vão, e os filhos não só foram ímpios como atraíram a maldição de Deus para si e a toda sua casa (COMENIUS, 1992, p. 193).

Se suas palavras forem lidas nesse contexto, fica evidente que Comenius não pretendia subtrair ou mesmo substituir os pais enquanto professores dos seus filhos de zero a seis anos. Pelo contrário, ao escrever suas obras *Didática magna*, *A escola da infância* e a *Pampaedia*, que constituem o núcleo teórico da sua didática, pretendia sim ensiná-los, e uma vez conscientes da sua nova função, esperava Comenius que eles cumprissem seus deveres educacionais de forma a não permanecerem desqualificados para tão significativa tarefa de aprender e ensinar os filhos-alunos.

A responsabilidade dos pais em prover educação aos filhos não estava em discussão. A eles pertencia essa tarefa. Entretanto, sua proposta se estendia para além disso. Seu foco foi deixar explícito que eles mesmos, na escola da infância, eram seus professores. A partir da segunda classe escolar (seis aos

Educação da primeira infância: pais-professores e criança-aluno de zero a seis anos **85**

doze anos), havia necessidade de outros professores, que complementariam e aperfeiçoariam o conhecimento das crianças-alunos, entretanto, na escola da infância (zero a seis anos), esta tinha seus próprios professores no seio familiar – os pais – e, no caso de haver algum impedimento perfeitamente justificável, as amas, um parente próximo ou, por fim, um preceptor.

Fora situações extremas, nenhum pai ou mãe deveria se eximir de ensinar seus filhos-alunos, certos de que dessa classe escolar dependiam as demais. Se os conteúdos próprios dessa classe fossem ensinados à criança-aluno, na segunda (seis a doze anos) não haveria necessidade de perder tempo com eles e a criança não iria à escola "já depravada pela primeira educação" (CO-MÉNIO, 1971, p. 116), de maneira que teria de ser ensinada a desaprender o mal, para só, então, ensiná-la o bem (COMÉNIO, 1971, p. 116).

Desse modo, a escola da infância, a primeira das classes escolares, era fundamental porque Comenius estava convicto da "inocência da criança", ainda que aceitasse a doutrina cristã do pecado original. É necessário adentrar mais especificamente essa discussão porque o assunto está diretamente relacionado ao fato de que na *Didática magna* ele deixou transparecer essa reflexão em seu pensamento, ao se referir à educação, desde a primeira infância, como a salvação para a corrupção do gênero humano (COMENIUS, 1997, p. 14, 15, 18) da seguinte forma:

> Sem dúvida a empresa é muito séria e, assim como deve por todos ser desejada, também deve ser ponderada pelo juízo de todos, e todos em conjunto devem levá-la adiante, pois ela diz respeito à salvação comum do gênero humano (COMENIUS, 1997, p. 14).

No mesmo contexto, com foco em motivar seus leitores no estudo de sua *Didática*, ele fez referência à educação como salvação do gênero humano:

> Ensinar a arte das artes é, portanto, tarefa árdua que requer o juízo atento não de um só homem, mas de muitos porque ninguém pode ser tão atilado que não lhe escapem muitas coisas. Por isso peço aos meus leitores, ou melhor, em nome da salvação do gênero humano (COMENIUS, 1997, p. 15).

Na mesma *Didática magna*, ele afirmou: "Em verdade, a caridade ordena [...] que nada se esconda ao gênero humano, mas que se divulgue tudo o que Deus ensinou para a salvação do gênero humano" (COMENIUS, 1997, p. 18). Por fim, ele explicitou que o remédio ou a cura divina para a salvação do gênero humano era a educação:

> As Santas Escrituras nos ensinam primordialmente que não há caminho mais eficaz para corrigir a corrupção humana que a correta educação da juventude [...] É necessário então concluir: se for preciso curar a corrupção do gênero humano, é preciso fazê-lo sobretudo por meio de uma atenta e prudente educação da juventude (COMENIUS, 1997, p. 27, 29).

Na *Pampaedia* ele sublinhou a degeneração universal e apontou a educação, desde a mais tenra idade, como a esperança para a reforma universal de todas as coisas: "Toda a esperança de uma reforma universal das coisas depende da primeira educação" (COMÉNIO, 1971, p. 197). Deduz-se das palavras do pedagogo checo quão importante era a tarefa dos pais-educadores dos filhos-alunos: eles tinham nas mãos o remédio que poderia curar a degeneração humana, desde que a educação fosse iniciada dos zero aos seis anos, ou seja, desde a mais tenra idade.

Em *A escola da infância*, ele afirmou que a criança estava maculada pelo pecado original e era incapaz de distinguir entre o bem e o mal: "[...] as crianças são imagens não contaminadas de Deus, são inocentes [...] Exceto pelo pecado original, não estão maculadas por nada, são incapazes de distinguir entre o bem e o mal entre a direita e a esquerda" (COMENIUS, 2011, p. 3). Sendo que já se encontravam maculadas, porém não inclinadas ao mal, a educação iniciada na primeira infância, no seio familiar, em que os pais eram seus professores, constituía o meio para ensinar à criança-aluno o caminho do bem, a fim de que ela evitasse sua degeneração (COMENIUS, 2011, p. 3, 15).

A educação era o remédio divino à degeneração do ser humano, e esse princípio era um dos pontos centrais no entendimento de sua concepção educacional, de maneira que era relevante compreender seu conceito de "corrupção" ou "degeneração". Seu conceito de degeneração ou corrupção tem início com a queda do homem, relatada no texto bíblico de Gênesis, capítulo 3.

Segundo Comenius (1997, p. 25-26), o ser humano foi lançado na escuridão, tudo ficou revirado, confuso, destruído ou em ruínas. Em lugar da prudência, havia imprudência; em lugar da sabedoria, o que se via era o afastamento dela; em lugar do amor e da candura, ódio, inimizades, guerras

Educação da primeira infância: pais-professores e criança-aluno de zero a seis anos **87**

e morticínios; em lugar da justiça, iniquidade, injúrias, opressão, furtos e assaltos; em lugar da humildade, soberba e ódio; em lugar da simplicidade e da verdade, mentiras, fraudes e enganos.

Seu tom crítico tinha como finalidade despertar seus leitores para a situação em que o ser humano se encontrava após a queda descrita em Gênesis. Diz ele:

> Eis que Deus se lamenta, porque também essa nova plantação [igreja] do Paraíso degenerou! A Escritura está repleta de queixas e lamentos semelhantes: estão cheios de perplexidade os olhos dos que tentaram examinar as condições humanas ou da própria igreja [...] Quem ignora o seu próprio mal dele não cuida [...] De fato, em nós e naquilo que a nós pertence existe algo que se encontra na devida forma e lugar? Nada. Tudo está revirado e confuso, ou está destruído ou está ruindo (COMENIUS, 1997, p. 24, 25).

Pode-se ter uma compreensão ainda mais densa do significado do termo *corrupção* na vida humana, na concepção comeniana, na leitura da sua obra: *O labirinto do mundo e o paraíso do coração*. Essa obra surgiu após o massacre da Boêmia e Morávia, na Batalha da Montanha Branca, ocorrida em 1620, em que a população checa diminuiu em 80% e muitos foram presos para tortura e violência e tantos outros para a morte (CAPKOVÁ, 1993, p. 119). A Boêmia foi completamente devastada, e a esperança de que o príncipe protestante Frederico V (1596-1632) conseguisse reedificá-la tornou-se impossível, pois o monarca foi desamparado pelos príncipes protestantes, que observaram passivos a destruição daquele país.

Angustiado com esses acontecimentos e perseguido, Comenius tornou-se o embaixador de seu povo e realizou inúmeras viagens para buscar asilo aos Irmãos Morávios e procurar forças opositoras, entre os protestantes, à recatolização da Morávia (PÁNEK, 1991, p. 29).

Trata-se de uma importante literatura da época, que serviu de consolo aos exilados morávios, os quais no seu triste êxodo cantavam: "Nada conosco levamos, pois nada temos, só a Bíblia de Králice, e o Labirinto do Mundo" (COVELLO, 1999, p. 48, 49). Em uma narrativa alegórica, Comenius expõe o que viu e contemplou nessas peregrinações, sendo sua principal motivação explicitar a degeneração do ser humano: "Querendo, porém, tornar as minhas experiências mais claras a mim mesmo e a outros, resolvi descrever esta minha peregrinação pelo mundo e esbocei neste tratado as coisas que ali tinha visto ou encontrado [...]" (COMENIUS, 2010, p. 18).

Na introdução dessa obra, seu autor assevera:

> Deus abriu também os meus olhos, para eu notar a vaidade multiforme deste mundo, e seu miserável engano que se oculta debaixo do brilho exterior [...] Não é poesia, ó leitor, o que vais ler; bem que tenha semelhança de poesia. Mas são coisas reais. Não relato, porém, tudo que me aconteceu, porque de algumas coisas tenho vergonha de falar [...] (COMENIUS, 2010, p. 18).

O Labirinto do mundo e o paraíso do coração é composto de 55 capítulos, divididos em duas partes: a primeira descreve os ludíbrios e as vaidades do mundo, os quais conduzem ao pranto; a segunda retrata os bem-aventurados que abandonam o mundo para viver com Deus (COMENIUS, 2010, p. 15). O texto se fundamenta na alegoria de um peregrino que tinha a finalidade de buscar a profissão que poderia lhe trazer maior tranquilidade e felicidade.

Em sua jornada encontra o seu guia, de nome Ubíquo, e mais adiante encontra Mámeni, que em checo significa "Engano". Estes são os companheiros do peregrino em sua viagem pelo mundo. O Engano coloca nos olhos do peregrino óculos por meio dos quais ele enxergará todas as coisas. Estes eram feitos de vidro da "Opinião", e a sua armação era de um chifre, denominado Costume. Os três dispõem-se à viagem com o objetivo de chegar ao Castelo da Fortuna, onde encontram a residência da Rainha da Sabedoria e as classes sociais, constituídas de: domésticas, operários e industrialistas; eruditos, sacerdotes; administradores e governantes do mundo, além da classe dos nobres e guerreiros.

No trajeto do peregrino, ele conta ter sido guiado por seu guia a um lugar denominado "Praça do Mundo" (COMENIUS, 2010, p. 27). Ali, seu companheiro de viagem, o Intérprete, mostrou-lhe a nobreza do gênero humano e apresentou todas as pessoas como as mais belas e dotadas de inteligência:

> Olha o nobre gênero humano, aquela criatura tão bela e dotada de inteligência e imortalidade! Da variedade destas suas inumeráveis ações pode-se ver como o homem é uma imagem de Deus, o infinito, cuja semelhança em si traz; aqui como num espelho podes ver a dignidade da tua espécie (COMENIUS, 2010, p. 28).

Educação da primeira infância: pais-professores e criança-aluno de zero a seis anos **89**

Todavia, ao fazer um exame mais aprofundado o peregrino percebeu as inúmeras atitudes de fingimentos e hipocrisia. Ele percebeu que todos, não só no rosto, como também no corpo, estavam desfigurados. Eram leprosos, sarnentos ou pesteados, daí sua exclamação: "Que monstros são estes que vejo!" (COMENIUS, 2010, p. 28).

Além da hipocrisia e dos fingimentos, faltava compreensão mútua, e as pessoas se ocupavam com coisas inúteis e más. A desordem, os escândalos, os maus exemplos, a soberba e a vaidade humana prevaleciam, a ponto de o peregrino protestar: "fazem coisas inúteis que não são dignas da altura e do destino do gênero humano" (COMENIUS, 2010, p. 30).

Ele percebe que os ocupantes de cargos importantes eram alvo de inveja e inimizades. Por toda parte havia falsidade e engano. Os eruditos, por sua vez, se envolviam em disputas e, quando não as venciam, agrediam os que estavam ao seu redor, pois julgavam merecer elogios e desejavam se tornar celebridades. Ao deparar com essas situações, buscou no clero algum conforto, porém lá igualmente encontrou pessoas preguiçosas, desejosas de bajulações e preocupadas apenas com dinheiro (COMENIUS, 2010, p. 30-82).

Diante desse quadro, o peregrino deseja fugir e morrer:

> Não podendo eu mais olhar isso, nem suportar as dores do meu coração, evadi-me dali, desejando refugiar-me a um deserto, ou, se possível, fugir do mundo [...] Já vejo que no mundo não haverá nada melhor! Toda a minha esperança já se esvaeceu! Ai de mim! [...] Prefiro mil vezes morrer a estar aqui e olhar a iniquidade, falsidade, mentira, ilusão e crueldade que aqui reinam. A morte já me é mais desejável do que a vida [...] (COMENIUS, 2010, p. 131).

Em tom semelhante, o que assinala sua aflição em perceber o resultado da degeneração do ser humano, ele diz:

> Esta horrível visão fez entorpecer todas as minhas entranhas; todo o meu corpo estremecia, e eu, altamente atemorizado, caí ao chão, quase desmaiado, e exclamei aflito: "Ó pobres homens! Miseráveis, infelizes! [...] Oxalá nunca haver nascido! Oxalá nunca ter passado pela porta da vida, se depois de todas as vaidades do mundo não me aguarda senão trevas e horrores! Oh, Deus, oh

Deus! Se és um Deus, tem dó de mim, miserável que sou"! (CO-MENIUS, 2010, p. 132).

Nessa obra, Comenius explicitou sua compreensão dos seus dias ao retratar o triste quadro vivido por sua sociedade. Nela percebe-se que a palavra *corrupção* referia-se a tudo que havia de pior no ser humano, daí sua aflição e sua angústia, percebidas nas palavras acima.

A finalidade de Comenius ao escrever *O labirinto do mundo e o paraíso do coração* consistia, principalmente, em três partes:

a) revelar a verdadeira e sólida felicidade dos filhos de Deus, a qual se fundamentaria no interior do coração do fiel, vivenciada com o transcendente de forma intensa e inefável, pois é no interior do coração que se recebem os ensinos do Criador e se colecionam riquezas interiores.

É nele que não se anseia por glória e honrarias, nem se faz conta das opiniões humanas que geralmente amam o que é digno de repulsa e sentem repulsa pelo que vale a pena amar. Como resultado da união relacional do fiel com o Criador, o primeiro se tornaria inabalável e não se desviaria do seu propósito de ser fraterno com todos os homens;

b) encorajar os ânimos daqueles que sofriam com as vicissitudes das guerras;

c) revelar os ludíbrios e as vaidades, resultantes da degeneração humana (COMENIUS, 2010, p. 15).

Infere-se das proposições, sobretudo na parte final, a constante preocupação comeniana com a corrupção do gênero humano. Todavia, ele assegurou que o Altíssimo decidiu transformar o ser humano novamente em paraíso de delícias do Criador e, para isso, deixou a "verdadeira fonte do conhecimento, que são as sagradas escrituras" (COMENIUS, 2010, p. 164), a qual ensinou que o caminho ou remédio divino mais eficaz para curar ou correção da degeneração humana era a correta educação: "As santas escrituras nos ensinam primordialmente que não há caminho mais eficaz para corrigir a corrupção humana que a correta educação da juventude" (COMENIUS, 1997, p. 27).

Nesse contexto, deve-se assinalar que havia uma relação intrínseca do *Labirinto do mundo e o paraíso do coração* com as concepções educacionais de Comenius, isto é, tendo esclarecido que o ser humano estava em um labirinto, a possibilidade de mudar essa situação seria por meio da educação:

> Se a pedagogia está fundamentalmente virada para a regeneração do homem e para a possibilidade de uma saída do labirinto, não deixa de ter as suas raízes numa prática efectiva do ensino do qual rapidamente quis ser a reflexão teórica e a metodologia – uma ciência da educação não pode ser baseada senão no contacto com a experiência para exprimir a interacção viva da teoria e da prática (CAULY, 1995, p. 129).

O mesmo Cauly associou o *Labirinto* às questões educacionais comenianas da seguinte maneira:

> A pedagogia de Comenius não teria provavelmente visto a luz do dia sem esta fé na educação enquanto meio de reconduzir os homens à verdade: uma religião da educação bem mais do que uma educação religiosa, que recorre apenas à fé na sua capacidade de salvar o homem das trevas onde parece estar imerso. Através dela, foi por fim encontrada a mediação que faltava na época da concepção de *O labirinto do mundo*, em 1623: sem a educação e sem projecto de uma reorganização *ab initio* da vida humana na sua integralidade, que ela torna possível, não há qualquer meio de sair deste mundo de barbárie e de ignorância [...] a educação é, para retomar o título de uma obra posterior de Comenius, a *Via Lucis*, o caminho da luz que conduz à verdadeira regeneração do homem e do mundo (CAULY, 1995, p. 126).

A tônica em conceber que a correta educação é a cura para degeneração humana pode-se perceber nas próprias palavras de Comenius (1997, p. 29): "É necessário então concluir: se for preciso curar a corrupção do gênero humano, é preciso fazê-lo sobretudo por meio de uma atenta e prudente educação da juventude."

Só ela poderia restaurar o homem da corrupção, qual seja a imprudência, a ausência do amor, o reino do ódio, os enganos e erros em geral. Com esse pressuposto, o pai da pedagogia moderna convocava a todos aqueles que presidiam – ministros, clérigos, diretores das escolas e aos pais – para que se unissem a ele na busca do melhor método educacional, cuja finalidade era servir ao remédio (educação) como meio mais rápido, prático e eficaz contra os males que arruinavam o gênero humano (COMENIUS, 1997, p. 21-33).

Os pais foram considerados tão importantes quanto as demais autoridades, isso porque eles seriam os professores dos filhos-alunos e sobre eles recaía a incumbência de cumprir a relevante tarefa de ensinar a criança-aluno. Comenius estava convicto de que a criança estava mais apta para receber o remédio de Deus. Elas foram consideradas o "tesouro mais precioso do mundo", como escreveu em *A Escola da infância* (COMENIUS, 2011, p. 1-6), e a elas os pais e a sociedade em geral deveriam dispensar os melhores cuidados possíveis (COMENIUS, 1997, p. 35).

Como foi mencionado acima, a degeneração do ser humano teve sua origem nas raízes, ou seja, na criança, e se era assim, nada mais lógico do que iniciar a reforma universal das coisas por ela: "A corrupção universal do mundo começa nas raízes. Portanto, a reforma universal do mundo deve começar também nas raízes" (COMÉNIO, 1971, p. 195).

É precisamente na primeira infância que deveriam ser semeadas as sementes e lançados os fundamentos da educação: "Toda a esperança de uma reforma universal das coisas depende da primeira educação" (COMÉNIO, 1971, p. 197). Segundo ele, o ser humano se fazia na primeira infância, e nessa primeira educação estava a esperança de uma reforma universal: "Somos enquanto corpo, enquanto espírito, enquanto costumes, enquanto aspirações, palavras e gestos, conforme nos fizeram a primeira educação e a formação da adolescência que lhe seguiu" (COMÉNIO, 1971, p. 197).

É mister acentuar a preocupação comeniana com a criança, e mais: ele fez questão de deixar claro que seu foco estava fundamentado na convicção de que ela deveria ser estimada, desejada, fruto de uma relação conjugal em que os pais renunciassem suas próprias coisas e que ela se tornasse o núcleo desta união. Com esse proceder seria fácil estar consciente de sua tarefa de ensinar seus filhos-alunos, desde a mais tenra idade, de maneira que eles deixassem o mal e se apegassem ao bem e vivessem em um mundo feliz.

Isso posto concebe-se um diferencial na proposta educacional de Comenius. Sua ênfase inicia na criança-aluno de zero a seis anos, porquanto nela deveriam ser semeadas as boas sementes por meio da educação dos

Educação da primeira infância: pais-professores e criança-aluno de zero a seis anos **93**

pais-professores, e o seio familiar era classificado como uma das classes da instituição escolar.

A família como centro da escola da infância permeou todo o pensamento de Comenius; entretanto, esse pensamento se tornou mais evidente em uma fase marcada pelo início da Guerra dos Trinta Anos (1618-1648). Ele se entregou às suas intensas obras literárias, tendo a esperança de que tão logo cessassem as guerras, a Boêmia renasceria das cinzas pela introdução de um adequado sistema educacional, que se iniciava pelas crianças de zero a seis anos e se estenderia até a idade adulta. Então suas obras seriam utilizadas com veemência.

Destarte, não é difícil associar o encorajamento da esperança de reconstrução da Morávia, em *O labirinto do mundo e o paraíso do coração*, com a *Didática checa*, escrita em 1627, publicada como *Didática magna* em 1657, a qual continha a intencionalidade em reerguer a Morávia e, no campo político, buscava oferecer resistência à repressão da troca do idioma checo pelo alemão. No campo educacional, serviu como um contraponto às propostas educacionais dos jesuítas, que cumpriam o Édito de 1624, de recatolicizar a Morávia.

Também não é difícil associar, conforme acentua Cauly, que suas obras pedagógicas fundamentais – *A escola da infância, Didática magna* e a *Pampaedia* – foram escritas no período em que ele esteve no exílio em Leszno (1628-1641), com sua expectativa milenarista do paraíso boêmio, que seria implantado por meio da educação:

> Ao longo de todos esses anos que se seguiram ao exílio da comunidade checa em Leszno, Comenius continuou animado pela esperança da restauração da liberdade na Boêmia e na Morávia. O período do exílio é, antes de mais, o período da expectativa, pois aproxima-se o dia em que florescerá de novo "o paraíso boêmio" (Cesky Ráj) ou "paraíso da igreja renascente". Em todo o lado há indícios que anunciam que este acontecimento estará para breve – "como se fosse suficiente estender o braço para essa idade de ouro que os profetas predisseram" (CAULY, 1995, p. 123).

Com essa motivação, escreveu a *Janua linguarum reserata* [Porta aberta das línguas], publicada em 1631, que obteve ampla aceitação na educação europeia e tornou conhecido o nome de Comenius, em que ele destacava sua preocupação com o ensino do latim. A finalidade pedagógica imediata era fazer com que a criança não permanecesse como um estranho face ao próprio idioma e obtivesse o domínio da sua língua materna, progressivamente chegando ao latim (CAULY, 1995, p. 132).

O ensino deveria despertar nela descrições realistas e concretas do mundo de modo a aguçar os sentidos por meio da visão (COMENIUS, 1997, p. 332). Entretanto, por perceber que muitas crianças não teriam acesso ao objeto de estudo, enfatizou o uso das imagens no ensino das línguas (CAPKOVÁ, 1993, p. 116). É relevante apontar o cuidado de Comenius em escrever livros que suprissem necessidades educacionais específicas da educação de sua época. Dentre eles, estavam *A educação da infância* ou *Guia para o ensino na escola materna* e a *Orbis sensualium pictus*, com objetivos claramente definidos:

> [...] é possível fazer duas coisas úteis. Em primeiro lugar, escrever um pequeno livro de conselho para os pais e as amas, a fim de torná-los conscientes de suas tarefas. Nesse livro deverão ser descritas, uma a uma, todas as coisas necessárias à formação das crianças [...]. Preparo-me para escrever um pequeno manual desse tipo, com o título de Guia para o ensino na escola materna. Em segundo lugar, seria muito útil para a escola materna um livro ilustrado com figuras, que seria entregue às crianças (COMENIUS, 1997, p. 331, 332).

Na concepção comeniana, as coisas vistas pessoalmente eram aprendidas mais facilmente do que as ditas: "Será de grande serventia [...] ilustrações pintadas [...] com os quais os sentidos, a memória e o intelecto dos alunos possam exercitar-te todos os dias" (COMENIUS, 1997, p. 218). Com a preocupação de oferecer à escola materna um livro ilustrado com figuras, que seria entregue às crianças, Comenius escreveu *Orbis pictus sensualium* (1657), composto por imagens que perfazem 161 capítulos; ao lado de cada imagem, aparecem palavras em latim com traduções para o alemão e húngaro, em sua primeira versão (HOOLE; BARDEEN, 1887, p. XXVII).

Na versão de Hoole e Bardeen (1887) eram preservadas as palavras em latim e sua equivalência ao inglês (COMENIUS, 1887). O objetivo dessa obra já havia sido anunciado na *Didática magna*:

> [...] reforçar as impressões das coisas [(...]; 2) estimular as mentes ainda jovens [...]; 3) facilitar o aprendizado da leitura. E como acima de cada imagem estará escrito o seu respectivo nome, esse poderá ser o começo da leitura (COMENIUS, 1997, p. 332).

Para atender sua situação de professor de crianças e, posteriormente, reitor de uma escola secundária, mantida pelos Irmãos Morávios, escreveu *A escola da infância*, inicialmente intitulada [*Guia da escola materna*] *Informatorium materské skoly*. Essa obra foi iniciada em 1630, porém só publicada em 1651, após ter sido traduzida pelo próprio Comenius para o alemão com o título *Die Mutterschule* [A escola materna] e para o latim em 1653.

Em sua experiência como reitor dessa escola, percebeu a importância de escrever *A escola da infância* como manual ao modo de proceder dos pais. Ele havia atinado que o êxito das demais classes escolares estava no seio familiar. Os pais eram os professores, e os filhos, os alunos; todavia, em razão de os pais nem sempre terem preparo para ensinar a criança-aluno, foi necessário elaborar um manual ou um guia que pontuasse como deveriam ser seus procedimentos nessa que seria a primeira classe escolar.

O pedagogo checo estava convicto de que essa obra em muito colaboraria com seu trabalho de professor-reitor na Escola dos Irmãos, bem como facilitaria as atividades docentes em geral. Portanto, a partir dessa concepção, sua motivação foi aflorada e intensificada, o que resultou na escrita de sua profícua produção literária no período de sua estadia em Leszno.

Percebem-se em seus escritos com origem em Leszno duas singulares motivações: (a) expectativa de uma reviravolta na situação político-religiosa da Boêmia; (b) disponibilizar literatura destinada aos docentes das quatro classes escolares, com destaque à primeira classe, a qual ocorria no seio familiar e tinha como seus partícipes as crianças-alunos e os pais-professores, visto que, como ele deixou claro em inúmeras afirmações, a educação deve ser iniciada desde a mais tenra idade.

Consequentemente, havia nos escritos comenianos uma valorização da criança, uma vez que o homem adulto podia até servir como modelo à criança-homem, todavia, ela era quem ocupa lugar central no espaço da família e na sociedade em geral, e por se configurar em um homem que acabava de chegar ao mundo, necessitava ser educada desde pequenina, pois a educação dos pais-professores afetava a formação de atitudes e comportamentos que teria no decorrer de sua vida (KULESZA, 2011, p. XXIII, XXIV).

Nos termos de Comenius, o homem deveria ser formado desde os primeiros momentos do desenvolvimento de seu corpo, para que essa formação permanecesse durante toda a sua vida: "Os frutos colhidos na velhice são determinados pelas sementes plantadas na juventude, como diz o ditado: *os estudos na juventude são os prazeres da maturidade*" (COMENIUS, 2011, p. 15).

Ele fez críticas aos pais que não correspondiam às suas funções de ensinar seus filhos quando criança-aluno, mas procuravam fazê-lo quando já estavam na fase adulta, utilizando meios impróprios e violência: "É nos começos das coisas que erramos [...] É necessário, portanto, ter um cuidado vigilante com a infância. Nas sementes está toda a essência das plantas" (COMÉNIO, 1971, p. 198). É válido atentar às palavras de Comenius que ratificavam seu ensino de que os pais-professores deveriam educar a criança-aluno desde a mais tenra idade porque: "Os vícios da primeira educação nos acompanham durante toda a vida" (COMÉNIUS, 1992, p. 185, 191).

Por conseguinte, os pais-professores e docentes em geral careciam de se conscientizar que nada era mais importante do que a educação da juventude, como afirmou Cícero, citado por Comenius: "O fundamento de toda República é uma reta educação da juventude" (COMÉNIO, 1992, p. 185, 186).

Em síntese, a criança era um ser valoroso, um tesouro no lar e na sociedade em geral. Em razão disso, o pedagogo checo estava convicto de que o fundamento de qualquer sociedade e reforma universal das coisas humanas estava em uma atenta e vigilante educação da criança, desde a primeira infância. Essa educação tem início no seio familiar, que era a primeira classe escolar, de maneira que os filhos fossem considerados alunos e os pais, professores; consequentemente, preconizava-se a família como ambiente escolar, daí o termo escola-família.

Após elucidar as relações dos agentes escolares da classe da primeira infância, que compreendia crianças-alunos de zero a seis anos, é mister explicitar o ensino e o conteúdo a ser ensinado pelos pais-professores. Para tanto, ressalta-se o texto de *A escola da infância*, porém, quando necessários, os textos da *Didática magna* e da *Pampaedia* igualmente foram citados.

3.3 Ensino e os conteúdos da primeira infância

Na análise das obras *Didática magna*, *Pampaedia* e *A escola da infância*, fica claro que havia preocupação com o ensino e com o conhecimento, entretanto, não só eles formavam o seu conceito de educação: "Nós ousamos prometer uma Didática Magna, ou seja, uma arte universal de ensinar tudo a todos [...] para conduzir à verdadeira cultura, aos bons costumes, a uma piedade profunda" (COMENIUS, 1997, p. 13).

Lopes (2006) assinalou que o conceito de educação de Comenius se alicerçava em três fundamentos indissociáveis: ensino, moral e piedade. Na concepção de Lopes (2003, p. 179), a partir da concepção da indissociabilidade dos três termos já referidos é que se podia compreender o conceito de educação comeniano. Ele ainda sublinhou que a piedade era um dos princípios fundamentais na reforma da instituição escolar (LOPES, 2003, p. 179).

Em *A escola da infância* podem ser lidas as palavras:

> [...] é preciso perseguir três objetivos na educação da juventude: 1) *Fé e devoção;* 2) *Bons costumes;* 3) *Conhecimento das línguas e artes.* E isso na ordem aqui proposta e não o inverso. *Primeiro, deve-se exercitá-los na fé,* depois, *na moral e nos costumes e,* por fim, *nas coisas práticas.* E quanto mais cedo puderem ter proficiência nestas últimas, tanto melhor. A casa em que os jovens são educados com base nessas três orientações é como um paraíso, no qual as plantas celestes são regas, crescem, verdejam e florescem; uma oficina do Espírito Santo onde se fabricam e burilam os recipientes de misericórdia e utensílios de glória, em cada um dos quais, como imagem viva de Deus, brilha todo o fulgor de sua eterna e infinita potência, sabedoria e bondade. Bem-aventurados os pais desse paraíso! (COMENIUS, 2011, p. 9).

Por conseguinte, se a fé, que em Comenius configura-se como sinônimo de piedade, era fundamental no entendimento do seu conceito de educação, era natural que o ensino na primeira infância se iniciasse por ela, haja vista tratar-se da primeira classe escolar da qual dependiam as demais e que tinha como principal foco educacional o cuidado com a alma imortal da criança, que era a parte mais importante do ser humano: "[...] carece primeiro cuidar da alma, a parte mais importante do homem [...]" (COMENIUS, 2011, p. 8).

3.3.1 Ensino da piedade

A piedade foi definida pelo educador checo como dom ou presente de Deus dado ao homem por obra do Espírito Santo (COMENIUS, 1997, p. 271). Isso significa que, por se tratar de uma graça de Deus, dever-se-ia pedi-la para que o Espírito Santo a concedesse, caso desejasse. Ela foi compreendida como ter o coração "impregnado pelo reto sentimento no que se refere à fé e à religião – saber buscar Deus em toda parte [...] segui-lo por onde quer que tenha estado, fruí-lo onde quer que seja encontrado" (COMENIUS, 1997, p. 271).

Vivenciava-se a piedade quando "Seguimos Deus quando nos entregamos completamente à sua vontade fazendo e portando qualquer coisa que lhe pareça boa" (COMENIUS, 1997, p. 271, 272). Além disso, a piedade implicava que "quando nos aquietamos em seu amor e em sua graça, não havendo nada, no céu e na terra, mais desejável que Deus, nada mais agradável do que pensar nele [...], de modo que nosso coração se consuma em amor" (COMENIUS, 1997, p. 272).

Ainda que não se tenha condições para medir a intensidade do sentimento que dominou o coração de Comenius ao escrever essas palavras, percebe-se que há um tom de envolvimento emocional significativo que demonstra em seus dizeres o quão relevante era a piedade para a reforma da educação. Isso justificava suas palavras ao se referir a ela como algo a ser ensinado pelos pais-professores às crianças-alunos de zero a seis anos, na primeira classe escolar, a saber, a escola da infância: "[...], antes de tudo, os pais devem cuidar para que seus filhos sejam imbuídos da verdadeira piedade [...]. Sem tal piedade, o conhecimento e os costumes, por mais apurados que sejam, fazem mais mal do que bem" (COMENIUS, 2011, p. 65).

Para as crianças na idade de um a dois anos de vida, visto que a razão

> [...] ainda se encontra profundamente enraizada pouco se pode fazer nesse assunto além do que já efetuou através da natureza e de sua graça interior: o que se pode fazer é cumprir na presença delas nossas obrigações [...] para assentar os princípios da piedade. Conquanto não possamos ensinar piedade aos recém-nascidos, podemos em vez disso aprimorá-la sendo piedosos com eles, lançando neles os alicerces da piedade por meio de preces ao santo batizado Cristo Redentor e rogando por eles ao douto Espírito Santo (COMENIUS, 2011, p. 66).

O batismo infantil era essencial nos primeiros anos de vida da criança, porque por meio dele os pais-professores se comprometiam a ensinar a seus filhos-alunos as coisas dignas de ser humano criado à imagem e semelhança de Deus: "[...] prometerão piamente que [...] eles afastarão de todas as vaidades do mundo, da corrupção da carne, e que o educarão piedosamente para a glória de Deus" (COMENIUS, 2011, p. 67).

Educação da primeira infância: pais-professores e criança-aluno de zero a seis anos **99**

A partir do segundo ano de vida, os pais-professores deveriam iniciar o ensino da piedade, uma vez que, a partir do segundo ano, a razão começava a desabrochar e a criança poderia distinguir as coisas. "Nesse momento não faltarão oportunidades para, paulatina e gradualmente, exercitá-los na piedade" (COMENIUS, 2011, p. 67).

À luz das suas palavras pode-se indagar: como? O próprio Comenius responde:

> [...] quando os filhos mais velhos orarem ou cantarem antes e depois das refeições, habitue as crianças a fazer silêncio, a ficar quietas sentadas ou em pé, a ter as mãos postas e mantê-las assim. Elas se acostumarão rapidamente a isso se os outros se anteciparem a elas, dando-lhes sempre bom exemplo, mantendo as mãos postas nessa hora (COMENIUS, 2011, p. 67).

Observa-se que há um destaque para a associação entre oração e alimento: "Será útil também, conforme a razão da criança for progredindo, acostumá-la a, toda que vez que pedir comida, primeiro dizer sua pequena prece" (COMENIUS, 2011, p. 68). Depois disso, aos dois anos e dois meses começar-se-ia a ensinar o *Pai Nosso*, "não de uma vez, mas começando pela primeira súplica durante uma semana; diariamente, de manhã e à tarde, faça com que a repitam uma ou duas vezes" (COMENIUS, 2011, p. 68). Se essa metodologia fosse aplicada pelos pais-professores ela seria mais útil do que se fosse apenas citado seu conteúdo aos filhos-alunos, de maneira que no final dos dois anos eles a teriam gravado na memória.

Além do descrito acima, para incutir a piedade, os pais-professores poderiam apontar ao céu com o dedo, mostrando a criança-aluno que ali se encontrava Deus, criador de todas as coisas, o qual providenciava comida, bebida e roupa. Assim, ela entenderia que tudo dependia de Deus (COMENIUS, 2011, p. 68). Feito isso, "será necessário inteirar a criança da *Doutrina cristã*, de modo que antes do fim do terceiro ano (ou do quarto, para as mais lentas), nela esteja calejado" (COMENIUS, 2011, p. 68).

Em termos metodológicos, Comenius ensinava que isso não seria difícil se a criança-aluno recitasse diariamente, pela manhã e à tarde, os primeiros princípios da doutrina, e aos poucos aprendesse os demais pontos doutrinários: "Toda vez que a criança começar um novo artigo, pode-se repeti-lo depois das preces pelo tempo necessário para que ela conheça bem as palavras" (COMENIUS, 2011, p. 69).

Seria, igualmente, o momento de falar de Deus de diferentes maneiras: "Por exemplo, mostrando-lhes o céu, *Deus mora lá;* mostrando o sol, *Com ele, Deus nos ilumina;* quando troveja, *Assim Deus se zanga com os maus etc."* (COMENIUS, 2011, p. 69), "tudo isso para instilar-lhes continuamente na mente a lembrança de Deus" (COMENIUS, 2011, p. 69).

Aprendida a doutrina cristã, a criança-aluno deveria ser iniciada no *De-cálogo*, e a metodologia deveria ser a mesma, isto é, passo a passo, e não de uma vez só. "Por exemplo, o primeiro mandamento diariamente, após as refeições e à tarde, durante uma semana. Depois o segundo por duas ou três semanas" (COMENIUS, 2011, p. 70), já que era o mais longo; do terceiro ao nono, por duas semanas. Por fim, o décimo. Assim, após saber todo o Decá-logo, dever-se-ia repeti-lo diariamente e na íntegra.

Novamente Comenius fez questão em deixar explícito que os pais eram os professores dessa classe escolar ao dizer: "Quando o menino já recita sozinho, o pai, a mãe [...] deve corrigir seus erros e ajudá-lo em suas hesita-ções" (COMENIUS, 2011, p. 70).

No quinto ano, para exercitar a piedade, deveria introduzir uma oração vespertina; quando a criança a aprendesse, acrescentar-se-ia uma matutina. Essas orações seriam regadas de pedido de bênçãos e de agradecimentos, inclusive pelo alimento. Além disso, no quinto e sexto anos poder-se-ia, para que aprendessem mais facilmente as coisas, cantar músicas que contemplas-sem os conteúdos dos versículos bíblicos (COMENIUS, 2011, p. 71).

Por fim, ressalta-se que havia uma tônica em Comenius em que os pais--professores protegessem seus filhos-alunos do que era mau: "é preciso to-mar todo cuidado para que nenhuma maldade ou sujeira, penetrando através dos olhos ou ouvidos das crianças, contaminem suas mentes" (COMENIUS, 2011, p. 71). Assim, vale lembrar suas palavras que já foram citadas nessa pesquisa: "Portanto, nada demandará mais cuidado por parte dos pais [...] do que formá-los em todas as coisas e proibir-lhes o acesso às coisas más, vivendo digna e piedosamente e exigindo o mesmo de todos os seus familia-res" (COMENIUS, 2011, p. 72).

Destarte, está claro que a piedade deveria ser incutida nas crianças-alu-nos, na idade de zero a seis anos, sendo suficiente que soubessem: da existência de Deus; em todo lugar ele observa todos; para quem o obedece, ele fornece comida, bebida, roupas e tudo o que seria necessário ao ser humano; leva à morte o desobediente e o arrogante; por isso era preciso temê-lo, chamá-lo sempre e amá-lo como ao pai; fazer tudo que ele mandar; se o ser humano fosse bom e honesto ele os levaria aos céus (COMENIUS, 2011, p. 16). Diante da exposição de que era possível aos pais-professores ensinar os filhos-alunos, o pedagogo checo afirmou: "digo que é possível conduzir a tanto as crianças no exercício da piedade durante os primeiros seis anos de vida" (COMENIUS, 2011, p. 16, 17).

De modo indissociável, à semelhança da piedade Comenius sublinhou os fundamentos a serem ensinados às crianças até seis anos com respeito aos bons costumes e às virtudes. A respeito desses dois conteúdos escolares, piedade e moral, ele declarou que os conhecimentos do método para ensinar as ciências, as artes e as línguas não passavam de preparação ao mais saberes mais sublimes: "O estudo da sabedoria que edifica, tornando-nos fortes e magnânimos, enfim, aquilo que até agora designamos com o nome de moral e piedade" (COMENIUS, 1997, p. 263). "O mais importante é que a arte de infundir a verdadeira moralidade e a piedade seja estabelecida com correção e introduzida nas escolas, para que estas realmente sejam, como se diz, oficinas de homens" (COMENIUS, 1997, p. 263).

Das palavras "introduzidas nas escolas" infere-se que igualmente ele estava se referindo à escola-família. Portanto, de maneira implícita, ele tinha em mente os pais como professores e os alunos como alunos, já que o seio familiar era a primeira classe escolar.

3.3.2 Ensino dos bons costumes e as virtudes

"Para aprimorar os bons costumes e as virtudes, deve ser inculcado nos pequenos" (COMENIUS, 2011, p. 17). Essa também era uma atribuição dos pais-professores aos filhos-alunos na escola-família. O autor de *A escola da infância* sublinhava diferentes formas no entendimento e prática dos bons costumes.

Para o propósito desta pesquisa é necessário apresentar uma síntese do ensino de Comenius (2011, p. 17-21) a respeito dessa temática:

Moderação, de modo que bebam e comam conforme sua natural necessidade, sem voracidade e demasia; *Asseio*, para que observem o decoro à mesa, no vestir e no cuidado com o corpo; *Respeito aos superiores*, respeitando seus atos, palavras e desígnios; *Cortesia*, estando sempre prontos a atender aos sinais e aos chamados dos superiores. Em especial, é necessário ensiná-los a *falar a verdade*, de modo que se habituem a não mentir; é preciso incutir-lhes *justiça* para que não furtem, nem faça mal a ninguém; é necessário instilar na criança-aluno *bondade e disposição para favorecer os* outros, de modo que sejam amáveis e não mesquinhos ou invejosos; útil *iniciá-los no trabalho* para quem criem aversão à indolência; que os pais-professores os ensinem não só a falar, mas a *ficar em silêncio quando* necessário, como na hora da prece ou quando alguém estiver falando; devem ser exercitados na *paciência* para que aprendam a conter seus desejos; *servir com civilidade e presteza aos idosos*. Essa "é uma qualidade precípua dos jovens, por isso é preciso levá-los a ter esse hábito desde a infância" (COMENIUS, 2011, p. 18).

Ao se ensinarem os princípios dos bons costumes ou moral, desde a primeira idade, a criança-aluno saberia saudar as pessoas, apertar sua mão, dobrar os joelhos, agradecer os presentes, evitar a leviandade ou grosseria e cultivaria a modéstia: "Uma vez iniciada nessas virtudes, será fácil para a criança seguir o exemplo de Cristo e obter a graça de Deus e dos homens" (COMENIUS, 2011, p. 18).

Exposto como os pais-professores deveriam ensinar seus filhos-alunos na piedade e na moral ou bons costumes, Comenius, de forma análoga, discorreu como esses professores podiam ensinar as demais artes, denominadas por ele de artes liberais (COMENIUS, 2011, p. 18).

3.3.3 Ensino das artes liberais

Os fundamentos para alcançar o conhecimento das coisas a serem ensinadas pelos pais-professores às crianças-alunos de zero a seis anos são desdobrados em três termos que, segundo o autor checo, constituíam as qualidades essenciais e distintivas do ser humano. Trata-se do saber [*sapere*], do fazer [*agere*] e do falar [*loqui*]. Se esses termos eram fundamentais, segue-se que eles seriam necessários à educação e deveriam ser ensinados e aprendidos desde a primeira classe escolar, que tinha início no espaço familiar. Kulesza (2011, p. XX) destacou o: "[...] estabelecimento da unidade entre essas três qualidades fundamentais do ser humano. Muito embora tais atividades se apresentem no recém-nascido de uma forma muito rudimentar".

Educação da primeira infância: pais-professores e criança-aluno de zero a seis anos **103**

Fundamentos a serem ensinados às crianças até seis anos com respeito ao que devem saber [sapere]

Havia necessidade de ensinar as crianças nos primeiros seis anos acerca das coisas *físicas naturais*. A física das crianças recém-nascidas consistia em comer, beber, dormir, digerir e crescer. É no segundo ou terceiro ano de vida que elas começariam a entender cada vez melhor o que era pai, mãe, comida e bebida. E, logo depois, começariam a saber o que era fogo, ar, água, terra etc. (COMENIUS, 2011, p. 36).

A partir do quarto, quinto e sexto anos de vida, elas ampliariam seu conhecimento das coisas, sendo capazes de dizer o que significa pedra, areia, barro, o que eram uma árvore, plantas, quais eram as diferenças entre os animais, os pássaros e conhecer as partes exteriores do próprio corpo e para que serviriam. Para ajudar esse aprendizado, os pais-professores deveriam fazer perguntas como: O que é isto ou aquilo? "O que é isto? – Orelha. O que você faz com ela? – Escuto [...]" (COMENIUS, 2011, p. 36).

Somada à física estava a óptica, que se iniciava com a percepção da luz. Os exercícios ópticos do segundo e terceiro anos se fundamentavam em oferecer à sua contemplação pinturas e objetos coloridos. Nessa faixa etária dever-se-ia mostrar a beleza dos mais diferentes seres. A partir do quarto ano de idade, muitas coisas da óptica seriam apreendidas pelas crianças fora de casa, em passeios pelas lavouras, campos, vales e lagos. Também as crianças gostariam de ver figuras dessas coisas nos livros ou em quadros nas paredes. "Mostrar-lhes essas coisas não lhes deve ser negado, pelo contrário, todo esforço deve ser feito para chamar sua atenção sobre elas" (COMENIUS, 2011, p. 37).

Ainda na questão do conhecimento, no segundo ou terceiro ano de vida as crianças faziam sua introdução na astronomia, distinguindo o Sol, a Lua e as estrelas. A partir do quarto e quinto anos, elas podiam saber que a Lua às vezes estava cheia, crescente, minguante etc. No sexto ano, aprenderiam a distinguir que os dias do inverno eram mais curtos do que os do verão, por exemplo.

O estudo da Geografia se iniciaria no fim do primeiro ano, no momento em que o bebê começava a diferenciar seu berço do seio materno. Nos segundo e terceiro anos, a criança iniciava a explorar o seu quarto, onde mora, a notar o lugar de comer. Durante o terceiro ano ela incrementaria suas noções de Geografia e diferenciaria espaços como a sala, cozinha, quarto, quintal. No quarto ano, já estaria familiarizada com ruas e praças, e no quinto ano já deveria saber o lugar em que nasceu; o que eram o campo, a montanha, a cidade, a vila e a aldeia.

O conhecimento da História poderia ter seu início a partir da lembrança do que lhe teria acontecido no dia anterior ou há algum tempo. Outras coisas, porém, as crianças aprenderiam pela observação de fatos que ficariam gravados em sua memória. Todavia, segundo Comenius, as crianças só guardam na memória as coisas que para elas se revestem de algum valor; nesse caso, era necessário cuidar para que elas retivessem as coisas boas, aquelas que contribuíam para sua própria virtude. As que fossem contrárias a isso deveriam ser impedidas de chegar aos seus olhos e ouvidos (COMENIUS, 2011, p. 39).

Com a preocupação que a criança retivesse na memória somente coisas boas, Comenius sublinhava que ela deveria ser estimulada pelo conto de fábulas que envolvesse personagens e narrativas engenhosas: "Elas adoram ouvir essas histórias e facilmente as guardam na memória" (COMENIUS, 2011, p. 40). Além disso, por meio destas histórias poderiam ser ensinados princípios morais e lições que seriam utilizados por elas por toda a vida.

Da política, a criança deveria saber quem eram os governantes, legisladores e magistrados e que os cidadãos se reuniam de vez em quando em assembleias (COMENIUS, 2011, p. 18). Seria bom conversar com ela sobre a quem deveria obedecer e respeitar, assim ela seria capaz de atender a quem lhe chamasse; a distinguir o sério da brincadeira, de maneira que ela saberia se portar de forma adequada e não seria ridicularizada nas mais diversas situações.

O detalhe nesse contexto é que todos esses ensinos deveriam ocorrer naturalmente durante a convivência familiar (COMENIUS, 2011, p. 40). Ressaltam-se, portanto, a importância da família e o termo *naturalmente* em *A escola da infância*. A família era o principal fundamento da educação nesta fase da vida e nada deveria ser forçado, mas ocorrer naturalmente.

Fundamentos a serem ensinados às crianças até seis anos com respeito ao que devem fazer [agere]

Vale rememorar que, na concepção comeniana, a educação da infância com relação ao ensino não deveria ser estática, e sim dinâmica. Sendo assim, ele enfatizava, a partir da maturação da criança, que ela estivesse sempre ocupada e de forma dinâmica fazendo ou desenvolvendo as coisas. Segundo ele, "as crianças adoram estar ocupadas com alguma coisa porque seu sangue jovem não pode ficar quieto, portanto, em vez de refreá-las, é preciso providenciar para que sempre estejam fazendo alguma coisa" (COMENIUS, 2011, p. 43).

Eis aí um lembrete para os educadores que atuavam com esta faixa etária: permitir que a criança manuseasse tudo, exceto os objetos que pudessem lhe causar danos; que fossem dados brinquedos feitos especialmente para sua idade. "Em uma palavra, tudo de que as crianças quiserem brincar (desde que não seja nocivo) precisa mais ser auxiliado que impedido" (COMENIUS, 2011, p. 44). A criança dinâmica não deveria causar estranheza ao professor ou aos pais, mas sim aquela que tendia a ficar tranquilamente sentada, porque, "correr constantemente e sempre estar fazendo algo é indício de saúde e vivacidade" (COMENIUS, 2011, p. 45). Porém, na ocorrência do exagero, ela deveria ser chamada e ensinada como (COMENIUS, 2011, p. 45).

No primeiro ano, como foco no fazer, as crianças aprenderiam *mecânica*, isto é, a abrir a boca para receber o alimento, mover os olhos, sentar, ficar em pé etc. "Tudo isso será realizado naturalmente, sem especial empenho" (COMENIUS, 2011, p. 44). No segundo e terceiro anos as práticas mecânicas seriam mais fecundas. Elas começariam a jogar, levar algo de um lugar para outro, levantar, derrubar, instalar, virar, dobrar etc. "Tudo isso lhes deve ser concedido, mostrando-lhes antes como se faz na primeira oportunidade que surgir" (COMENIUS, 2011, p. 44). No quarto, quinto e sexto anos as crianças precisam ser exercitadas na pintura e na escrita. Devia-se fornecer giz ou carvão para elas desenharem à vontade, atividades pontilhadas para que elas liguem pontos com pontos. "Assim, se acostumarão a segurar o giz com a mão e a formar letras, perceberão o que é ponto ou linha, o que posteriormente facilitará enormemente a tarefa do professor" (COMENIUS, 2011, p. 45), pois tal dinâmica colaboraria com a esperteza da criança, a qual utilizaria a razão e exercitaria com isso os princípios da dialética que seriam aperfeiçoados e aguçados por meio de perguntas, de maneira que elas mesmas procurassem as respostas.

No uso da aritmética era importante que elas fizessem contas e soubessem que um número era maior e outro menor. A disciplina poderia ser ensinada a partir do terceiro ano, quando as crianças começassem a pronunciar os números corretamente. "Avançar mais do que isso na aritmética será inútil e até mesmo prejudicial, pois não há nada mais difícil de reter em nossa mente do que os números" (COMENIUS, 2011, p. 46). Na geometria, que elas começassem a entender o que era grande, curto, comprido, fino, grosso etc. Por fim, que as crianças aprendessem música. Segundo García (1993, p. 79), Comenius se revelou como teórico e educador musical; foi um compositor de músicas preocupado com a educação estética e a sensibilidade humana: "Coménio se propunha a alcançar em todos os níveis de escolaridade um estreito contato com a música e o canto" (GARCÍA, 1993, p. 81). Comenius propunha que as crianças soubessem de memória algumas estrofes de hinos ou salmos; que aprendessem desde cedo a se familiarizar com algum ofício (COMENIUS, 2011, p. 19). "A partir do terceiro ano a música sacra deverá fazer parte de seu cotidiano, por exemplo, quando há o costume de cantar antes ou depois da refeição, no início ou no fim das preces" (COMENIUS, 2011, p. 47). Sua tônica na música como um recurso educacional pode ser lida nas suas palavras:

> Cantando e mesmo brincando com as crianças [...] sem maiores dificuldades podem inculcar-lhes [...], pois sua memória fica maior e mais rápida por causa do ritmo e da melodia, e assim, elas assimilam muitas coisas de maneira mais fácil e alegre. Quanto mais canções as crianças lembrarem, mais estarão satisfeitas consigo mesmas, e através de seus lábios, aumentarão a glória de Deus. Abençoada seja a casa onde ressoam os sons da música de Davi.

Fundamentos a serem ensinados às crianças até seis anos com respeito ao que devem falar [Loqui].

Comenius ensinou que a distinção dos homens com os animais estava na razão e na fala. O homem necessitava da razão para si mesmo e da fala na tratativa com o próximo. Ambas, porém, precisavam ser cuidadas igualmente para que a mente do homem fosse bem formada. A formação da linguagem ocorria pela gramática, a qual nos primeiros seis anos consistia em que as crianças soubessem expressar tudo que sabiam sobre as coisas, ainda que imperfeitamente, porém, de forma clara, de modo que pudessem compreender o que falavam. Dever-se-iam aperfeiçoar a retórica e a poética. Na retórica, deveriam ser cultivados nas crianças gestos naturais e a imitação dos outros, e na poética enfatizava-se a recitação de memória de alguns versos ou rimas (COMENIUS, 2011, p. 20).

Diante do exposto, Comenius estava convicto de que todos os fundamentos sublinhados eram necessários e poderiam ser ensinados de forma gradual e natural às crianças-alunos de zero a seis anos. Entretanto, estava consciente de que o êxito dessa primeira classe escolar dependeria do grau de consciência dos pais-professores no desempenho de sua função. Fica estabelecido, portanto, que para Comenius os primeiros educadores eram os pais, ao afirmar que Deus havia dado essa tarefa a eles, os quais repartiam esse privilégio com os professores das demais classes escolares (COMENIUS, 2011, p. 15).

CONSIDERAÇÕES FINAIS

Ao chegar à parte final desta pesquisa, em que foi tratado o título: a educação da primeira infância na perspectiva de Comenius, que teve a obra de Phillippe Ariès, *História social da criança e da família*, como referencial teórico foi necessário estabelecer vínculos hermenêuticos entre ele e Comenius, cuja tônica fundamentou-se na valorização e descoberta da criança.

Foi possível identificar como ocorreu a transição da ausência de sentimento da criança ao início da valorização dessa fase da vida. A partir dessas vinculações, confirmou-se na análise dos principais textos escritos por Comenius a hipótese de Ariès, isto é, de que o sentimento da criança só passou a existir efetivamente a partir do século XVII, uma vez que "a didática comeniana foi uma expressão pedagógica da transição da Idade Média à Idade Moderna, traduzindo o término de um e o início do outro" (GASPARIN, 1994, p. 41).

Como parte efetiva do capítulo, a tônica recaiu na primeira infância e na valorização da criança no pensamento de Comenius. Tratou-se de clarificar suas considerações acerca da criança, em *A escola da infância*, na *Didática magna* e na *Pampaedia*, obras consideradas o núcleo teórico da educação comeniana. Discorreu-se sobre temas como os primeiros cuidados com a criança no ambiente familiar e a ênfase em que "a educação deve iniciar pela primeira infância". Com isso, foi possível propiciar uma compreensão, nas referidas obras, sobre a educação da infância, que explicitou se tratar da faixa etária estendida do zero aos seis anos, sobretudo quando se leu *A escola da infância*.

A pessoalidade da criança foi descoberta e ela passou a ser valorizada, tornando-se o centro da família e da sociedade em geral. Consequentemente, houve necessidade se refletir sobre a metodologia e os ensinos destinados singularmente à criança. Nesse contexto se encontrou Comenius, o qual se aplicou à educação da infância a partir da primeira classe escolar, compreendida na família, a qual passou a ser concebida nesta pesquisa como escola-família, conforme as palavras: "O lugar da primeira dessas escolas será em qualquer parte onde nascem os homens" (COMÉNIO, 1971, p. 110).

No segundo capítulo, *Comenius em prol da escola: ensinar a todos*, Comenius demonstrou ser um árduo defensor da instituição escolar. Discorreu-se a respeito de variados temas, dentre os quais destacou-se a Organização escolar, em que se explicitou a preocupação do autor checo em desdobrar as classes escolares em quatro classes, sendo a primeira dessas classes, a da família. Observou-se que elas se alicerçavam no processo gradual do conhecimento, tendo como modelo a ser seguido, a ordem da natureza.

Ficou claro que, em Comenius, o conhecimento era inato a todos os seres humanos, os quais foram criados à imagem e semelhança de Deus, portanto, todos deveriam ser educados igualmente, independentemente da classe social e do gênero. Com esse ensino, ele afirmou, inclusive, que as crianças com necessidades especiais deveriam ser devidamente educadas. Em pleno século XVII, ainda que na forma elementar, já apontava sua preocupação com a inclusão escolar de pessoas com necessidades especiais. Assim, ele se tornou no defensor da universalização da educação, em consonância com seu lema: "Ensinar tudo a todos, totalmente."

Como parte integrante da instituição escolar, ressaltou a valorização da profissão-professor, que em seus dias era marginalizado e considerado escória da sociedade. O pedagogo checo tratou de mostrar sua relevância e o considerava imprescindível ao processo de ensinar e aprender. Nesse mesmo momento, ele defendeu o uso do livro didático, por meio do qual um só professor poderia ensinar até 100 alunos de uma só vez. No caso das crianças havia uma preocupação com aplicação dos usos das imagens na arte de ensinar e aprender.

O último capítulo configurou-se no conteúdo principal da pesquisa, daí seu título: *Educação da primeira infância: pais-professores e criança-aluno de zero a seis anos*. O objetivo específico desse capítulo, que se constituía no objetivo geral da pesquisa, fundamentou-se em investigar as obras *Didática magna*, *A escola da Infância* e *Pampaedia*, com a finalidade de averiguar as razões pelas quais Comenius se referia à educação das crianças de zero a seis anos, denominando-a de "escola da infância" e examinar se o pedagogo checo, ao escrever as obras citadas, sobretudo *A escola da infância*, objetivava oferecer aos pais-professores manuais, com o fito de que eles fossem capacitados no desempenho adequado de suas funções de ensinar a criança-aluno ou filhos--alunos.

Esse objetivo desencadeou duas questões principais: Os pais seriam considerados não só os responsáveis em prover educação à criança, mas eles próprios seriam os professores dessa classe? A razão que teria motivado Comenius a escrever a *Didática magna*, *A escola da infância* e a *Pampaedia* consistia no princípio de que elas cumpririam a função de manuais aos pais-professores?

Sublinhou-se que Comenius enfatizou sua preocupação com a educação pela primeira infância e colocou-se à prova a hipótese da pesquisa, que consiste em saber se, ao escrever sobre a educação da primeira infância, ele a tratava como uma escola a ser processada no seio familiar, de maneira que seria possível assinalar em seu pensamento que os pais e, excepcionalmente, as amas, de fato, não eram só os responsáveis em prover educação, mas principalmente eles mesmos se constituíam em pais-professores.

Essa hipótese se justificou, após perceber-se que o pedagogo checo mostrava-se um árduo defensor da instituição escolar ao propôr a organização das classes escolares. Singularmente, iniciou essa organização pela educação da infância, referindo-se a ela como "escola" da infância, com funcionamento no ambiente familiar.

A partir do estudo de Philippe Ariès, percebeu-se que a partir do século XVII houve crescente ênfase na instituição escolar que propunha a substituição da família, por profissionais da educação, no ensino dedicado à criança que, antes depreciada, começava a receber destaque e tornava-se figura central na família.

Consequentemente, dessa nova proposta, de maneira paulatina, sobre a criança sobreveio uma sensível alteração: de filha passou a ser intuída como aluna, de modo que foi percebida como criança-aluno.

Nesse aspecto, é significativo lembrar que Comenius foi um apologista da instituição escolar, visto que não só propôs sua criação em lugares em que ela não estava presente, mas sua manutenção e fortalecimento em locais em que ela já estava instalada, porém, sem funcionar de maneira apropriada. É peculiar que ele, profundamente motivado pelos seus princípios *pansóficos*, ao propor sua organização escolar, tenha iniciado pela escola materna e a denominado "escola da infância", o que demonstrava claro entendimento de que o ambiente familiar era uma das classes escolares essenciais em sua proposta de reformar e organizar a instituição escolar.

Ademais, ela se revestia na mais suma importância, uma vez que dela dependeriam todas as demais classes. A escola-família não podia ser depreciada, pelo contrário, igualmente às outras classes, ou tanto mais, essa primeira classe escolar deveria ser considerada prioritária, já que nela se formaria a criança-aluno de zero a seis anos, e seu princípio investidor seriam os pais e, em alguns casos, as amas, como era o costume nos dias de Comenius.

Isso posto, foi possível comprovar nas obras pedagógicas de Comenius a hipótese da pesquisa, de maneira que o que antes era uma possibilidade e conjectura, passou a se revestir da convicção de que o pedagogo checo preconizava, ou seja, que os pais não só eram responsáveis em oportunizar a educação, mas principalmente foram classificados como os primeiros professores, já que o ambiente familiar foi tratado como uma escola destinada a ensinar princípios fundamentais das mais diversas modalidades do conhecimento às crianças de zero a seis anos.

Nesse caso, os pais foram notados por Comenius como "pais-professores", conforme sublinhado no desenvolvimento desta investigação. Resulta disso a compreensão de que a instituição familiar não deixava de ser importante; pelo contrário, passava a ser considerada como parte integrante e preciosa da instituição escolar. Já não havia duas instituições, mas uma, desmembrada em dois blocos. Por conseguinte, os pais eram considerados professores, e as crianças, os alunos dessa instituição família-escola.

Aos pais-professores, assim discernidos e inseridos naturalmente na instituição família-escola, era indispensável prover manuais para que soubessem ensinar a criança-aluno. No atendimento dessa demanda foi que Comenius escreveu a *Didática magna*, *A escola da infância* e a *Pampaedia*, sendo que, das três, a que mais se harmonizou com o formato de manual e foi nitidamente destinada à educação da primeira infância foi a obra *A escola da infância*, que delimitou o estudo da temática desta pesquisa.

Ressalta-se que o foco em identificar os pais como os professores da escola da infância, a criança como aluno e a família como escola é de indiscutível pertinência, porque aflora ainda mais as ideias fundantes da atual concepção da infância e da educação infantil no Brasil. A presente investigação apontou um caminho à melhoria e à reforma das escolas que, nos termos de Comenius, se alicerçavam em conscientizar a sociedade em geral de que a educação qualitativa envolve não só discussões de política pública ou prática docente, por exemplo, e sim a revisão do grau de consciência dos pais ou da família de que eles são os primeiros professores dos seus filhos-alunos. Dessa primeira classe dependeriam as demais.

Reconhece-se, à semelhança de Severino (2011), que o debate sobre a infância e a educação infantil continua atualíssimo e está longe de ser exaurido. A presente reflexão persistiu em assinalar a contribuição de Comenius à educação da primeira infância, sob o *viés* da consciência de que os pais são os professores dos seus filhos-alunos e a família não se conttrapõe à escola, visto que elas formam uma só instituição – a escolar –, que deveria ser implantada a partir das suas obras didáticas.

Por fim, segundo o ensino de Comenius, as classes escolares a partir dos seis anos só teriam êxito no ensinar e aprender e na cura da degeneração das coisas humanas se a primeira classe cumprisse seu papel de formar seus alunos, nos seguintes termos: "Portanto, nada demandará mais cuidado por parte dos pais (se os filhos estiverem em seu coração) do que formá-los em todas as coisas [...]" (COMENIUS, 2011, p. 72).

REFERÊNCIAS BIBLIOGRÁFICAS

ANTISERI, D.; REALE, G. *História da filosofia*. São Paulo: Paulus, 1990. v. II.

ARAÚJO, B. S. *A atualidade do pensamento de Comenius*. Salvador: Edufba, 1996.

ARIÈS, P. *História social da criança e da família*. 2. ed. Rio de Janeiro: LTC, 2006.

BARNARD, H. *Education, the school, and the teacher, of English literature*. Philadelphia: University California, 1862.

BERNARD, H. *German teachers and educators*. Hartford: Brown and Gross, 1878.

BOTO, C. O desencantamento da criança: entre a Renascença e o Século das Luzes. In: FREITAS, Marcos Cezar de; KUHLMANN JÚNIOR, Moysés (Orgs.). *Os intelectuais na história da infância*. São Paulo: Cortez, 2002. p. 11-60.

BURKE, P. *A escola dos Annales* (1929-1989). São Paulo: Editora Unesp, 1997.

CAMBI, F. *História da pedagogia*. São Paulo: Editora Unesp, 1999.

CAPKOVÁ, D. El legado de Juan Amos Comenio: Rescate y perspectivas. In: AGUIRRE LORA, Georgina Maria Esther (Coordinadora). *Juan Amos Comenio*: obra, andanzas, atmosferas. México: UNAM, 1993. p. 115-135.

CAULY, O. *Comenius*: o pai da pedagogia moderna. Lisboa: Instituto Piaget, 1995.

ČESKOSLOVENSKÁ AKADEMIE VĚD. Pedagogický ústav Jana Amose Komenského. *Acta Comeniana, Volumes 11-12*. Michigan: Academia Nakladatelství Ceskoslovensé akediemie ved, 2008 (Digitalizado).

COMENIUS, J. *A escola da infância*. São Paulo: Editora Unesp, 2011.

_____. *O labirinto do mundo e o paraíso do coração*. 2. ed. Bragança: Comenius, 2010.

COMENIUS, J. *Didática magna*. São Paulo: Martins Fontes, 1997.

_____. *Pampedia*. Madrid: UNAM, 1992.

_____. Lux in tenebris. In: _____. *Opera didactica omnia*. Praha: Kastellaum, 1987.

_____. Orbis Pictus Sensualium. In:_____. *Opera didactica omnia*. Pragae: Academiae Scientiarum Bohemoslovenicae, 1657. v. I.

_____. Didactica magna. In: _____ *Opera didactica omnia*. Pragae: Academiae scientiarum bohemoslovenicae, 1657. v. I.

_____. Janua linguarum reserata. In: _____. *Opera didactica omnia*. Pragae: Academiae Scientiarum Bohemoslovenicae, 1657. v. II.

COMÉNIO, J. *Pampaedia (Educação universal)*. Coimbra: Faculdade de Letras da Universidade de Coimbra, 1971.

COMPAYRE, Paine. Compayre's history of education. Boston: Bardeen Publisher, 1886.

COVELLO, S. *Comenius e a construção da pedagogia*. São Paulo: Comenius, 1999.

DUNSHEE, H. W. *History of the school of the collegiate reformed Dutch Church*. Nova York: Aldine Press, 1883.

EBY, F. *História da educação moderna*. 2. ed. Porto Alegre: Globo, 1970.

FALCON, F. J. C. *Iluminismo*. 2. ed. São Paulo: Ática, 1989.

FERREIRA, A. G. A infância no discurso dos intelectuais portugueses do Antigo regime. In: FREITAS, Marcos Cezar de; KUHLMANN JÚNIOR, Moysés (Orgs.). *Os intelectuais na história da infância*. São Paulo: Cortez, 2002. p. 167-196.

GALLEGO, A. A. El método como dispositivo pedagógico del proyecto civilizador de occidente. In: AGUIRRE LORA, Georgina Maria Esther (Coordinadora). *Juan Amos Comenio*: obra, andanzas, atmosferas. México: UNAM, 1993. p. 267-280.

GARCÍA, R. M. D. De lo musical en la época de Comenio. AGUIRRE LORA, Georgina Maria Esther (Coordinadora). *Juan Amos Comenio*: obra, andanzas, atmosferas. México: UNAM, 1993. p. 79-94.

GASPARIN, J. L. *Comênio ou arte de ensinar tudo a todos*. São Paulo: Papirus, 1994.

_____. *Comênio:* a emergência da modernidade na educação. 2. ed. Petrópolis: Vozes, 1998.

_____. La *Didactica magna* como respuesta a uma epoca de transicion. In: AGUIRRE LORA, Georgina Maria Esther (Coordinadora). *Juan Amos Comenio*: obra, andanzas, atmosferas. México: UNAM, 1993. p. 227-247.

Referências bibliográficas **115**

GOMES, J. F. *Introdução, tradução e notas*. In: COMENIUS, João Amós. *Pampaedia* (Educação universal). Coimbra: Faculdade de Letras da Universidade de Coimbra, 1971, p. 29.

HEYWOOD, C. *Uma história da infância*: da Idade Média à época contemporânea no Ocidente. Porto Alegre: Artmed, 2004.

HOOLE, C.; BARDEEN, C. W. *The orbis pictus of John Amos Comenius*. Syracuse, N.Y: Bibliolife, 1887.

KULESZA, W. A. Apresentação. In: COMENIUS, João Amós. A escola da infância. São Paulo: Editora Unesp, 2011. p. XV-XXXI.

_____. *Comenius:* a persistência da utopia em educação. Campinas: Unicamp, 1992.

LE GOFF, J. *A civilização do ocidente medieval*. Bauru: EDUSC, 2005.

LOPES, E. P. Espiritualidade protestante no pensamento de João Amós Comenius. *Revista Pistis & Práxis*. Curitiba: PUCPR, v. 5, n. 1, p. 233-251, jan./jun. de 2013.

_____. O ser humano e a natureza no pensamento teológico-pedagógico de João Amós Comenius. *Revista Estudos Teológicos*. Programa de Pós-Graduação em Teologia. São Leopoldo, RS: EST, v. 51, p. 71-89, 2011.

_____. Educação como cura para a corrupção do gênero humano no pensamento de Comenius. *Revista Educere et Educare*. Curso de Pedagogia e do Mestrado em Educação da Universidade Estadual do Oeste do Paraná. Paraná: UEOP, v. 4, p. 70-82, 2009.

_____. O conceito de educação em João amós Comenius. *Fides Reformata*. CPAJ/Mackenzie, XIII, n. 2, p. 49-63, 2008.

_____. O milenarismo dos taboritas na Boêmia do século XVI e sua influência no pensamento de João Amós Comenius. *Ciências da religião*: *Revista História e Sociedade*, UPM, v. 5, n. 2, p. 32-58, 2007.

_____. *A inter-relação da teologia com a pedagogia no pensamento de Comenius*. São Paulo: Mackenzie, 2006.

_____. *O conceito de teologia e pedagogia na Didática magna de Comenius*. São Paulo: Mackenzie, 2003.

LORENZ, W. Prefácio. In: COMENIUS, João Amós. *O labirinto do mundo e o paraíso do coração*. São Paulo: Comenius, 2010. p. 6-12.

LUTERO, M. Obras selecionadas. *Aos conselhos de todas as cidades da Alemanha para que criem e mantenham escolas cristãs*. São Leopoldo, RS: Sinodal & Concórdia, v. 5, 1995. MONROE, P. *História da educação*. 14. ed. São Paulo: Companhia Editora Nacional, 1979.

NARODOWSKI, M. *Comenius e a educação*. Minas Gerais: Autêntica, 2000.

NUNES, R. *História da educação no século XVII*. São Paulo: EDUSP, 1981.

_____. *História da educação na Idade Média*. São Paulo: EDUSP, 1979.

PANÉK, J. *Comenio*: maestro de las naciones. Praga: Východoslovenské vydavatelstvo, 1991.

PIAGET, J. *Prefácio*. A atualidade do pensamento de João Amós Comenius. In: MARCONDES, Martha Aparecida S.; GASPARIN, João L. (Org.). *Juan Amos Comênio*. Recife: Fundação Joaquim Nabuco; Editora Massangana, 2010 (Coleção educadores – MEC).

ROUSSEAU, J. J. *Emilio ou da Educação*. Rio de Janeiro: Bertrand Brasil S.A. 1992.

SAMUEL HARTLIB. *Samuel Hartlib and the advancement of learning*. New York: University Cambridge Press, 1970.

_____. *Samuel Hartlib and Universal Reformation*: Studies in Intellectual Communication. New York: University Cambridge Press, 1994.

SCHALLER, K. Tales deseos de esperanza no vuelan hacia la luna: lo utópico em la obra de Juan Amós Comenio. In: AGUIRRE LORA, Georgina Maria Esther (Coordinadora). *Juan Amos Comenio*: obra, andanzas, atmosferas. México: UNAM, 1993. p. 95-111.

SEVERINO, A. J. Prefácio. In: COMENIUS, João Amós. *A escola da infância*. São Paulo: Editora Unesp, 2011.

SCHULTZ, J. A. *The knowledge of childhood in the German Middle Ages, 1100-1350*. Pennsylvania: University of Pennsylvania Press, 1995.

Formato	17 x 24 cm
Tipografia	Iowan 10/12
Papel	Offset Sun Paper 90 g/m² (miolo)
	Cartão Supremo 250 g/m² (capa)
Número de páginas	128
Impressão	Alternativa Digital